PONS

Grammatik Französisch kurz & bündig

von
Gabriele Forst

Ernst Klett Verlag
Stuttgart · Düsseldorf · Leipzig

PONS Grammatik Französisch kurz & bündig

von Gabriele Forst

1. Auflage A 1 4 3 2 1 | 2000 1999 98

Internetadresse: http://www.klett.de

Redaktion: Dr. Wolfgang Schindler, Elisabeth Meyer-Koch
Zeichnungen: Gilles Bonotaux, Paris
Einbandgestaltung: Erwin Poell, Heidelberg;
Ilona Arfaoui, Stuttgart
Layout/Satz: Fotosatz Kaufmann, Stuttgart
Druck: Milanostampa, Farigliano
Printed in Italy.
ISBN 3-12-560625-X

So benutzen Sie dieses Buch

Wenn Sie die französische Grammatik auf einfache und verständliche Weise erlernen, wiederholen und gezielt nachschlagen möchten, dann bietet Ihnen der vorliegende Band dazu die Möglichkeit.

Die **PONS Grammatik** Französisch kurz & bündig bietet Ihnen eine **übersichtliche Darstellung** der aktuellen französischen Sprache. Die **klar formulierten Regeln** werden durch aussagekräftige Beispiele veranschaulicht.

Die **PONS Grammatik** warnt auch vor **typischen Fehlerquellen**, die gerade deutschsprachigen Französischlernenden häufig passieren.

Bei der Arbeit mit diesem Buch helfen Ihnen folgende Symbole:

Hier wird die **Regel** formuliert.

Vorsicht! Hier wird auf **Besonderheiten** aufmerksam gemacht, die man nicht übersehen sollte.

Kleine **Tipps** verraten Ihnen an dieser Stelle, wie Sie sich die Regeln besser merken können.

Hier wird auf **Unterschiede** zwischen der deutschen und französischen Sprache aufmerksam gemacht.

Hier wird auf andere Grammatikkapitel verwiesen.

Wenn Sie etwas gezielt nachschlagen möchten, führt Sie das ausführliche **Stichwortregister** im Anhang schnell zur richtigen Stelle. So wird die **PONS Grammatik** zu Ihrem wertvollen Begleiter beim Erlernen der französischen Sprache.

Viel Spaß und Erfolg!

Inhalt

1 *L'article* – Der Artikel

1.1 Der bestimmte Artikel

Die Formen des bestimmten Artikels

	vor Konsonant	vor stummem h	vor Vokal
männliche Formen **Singular** **Plural**	**le** train **les** trains	**l'** hôtel **les** hôtels	**l'** arbre **les** arbres
weibliche Formen **Singular** **Plural**	**la** ville **les** villes	**l'** heure **les** heures	**l'** autoroute **les** autoroutes

Im Französischen gibt es im Gegensatz zum Deutschen nur einen **männlichen** und **weiblichen** Artikel. Das deutsche Neutrum existiert im Französischen nicht.

Der bestimmte Artikel im Singular lautet für männliche Substantive ***le,*** für weibliche Substantive ***la.*** Vor Vokal und stummem h werden ***le*** und ***la*** zu ***l'.***
Im Plural heißt der bestimmte Artikel für ***le, la*** und ***l'*** einfach ***les.***

Da die Artikel im Französischen anders als im Deutschen verwendet werden, ist es sinnvoll, den bestimmten Artikel im Singular bei neuen Vokabeln gleich mitzulernen, z. B. ***le*** *livre* = **das** Buch, ***la*** *place* = **der** Platz, ***la*** *tour* = **der** Turm.

Die Präpositionen *à* und *de* und der bestimmte Artikel

à			de		
Je pense	**au**	travail.	Je parle	**du**	voyage.
	à l'	hôtel.		**de l'**	hôtel.
	aux	copains.		**des**	copains.
	à la	discothèque.		**de la**	discothèque.
	à l'	école.		**de l'**	employée.
	aux	grandes villes.		**des**	grandes villes.

Die Präpositionen ***à*** und ***de*** verschmelzen mit dem bestimmten Artikel ***le*** und ***les*** zu einem Wort:

à + le	=	au	de + le	=	du
à + les	=	aux	de + les	=	des

Der Gebrauch des bestimmten Artikels

Im Gegensatz zum Deutschen wird der bestimmte Artikel im Französischen verwendet bei:

– der Gesamtheit einer Menge:	J'aime **les** livres.
– Eigennamen:	**Les** Noblet habitent à Paris.
– bei Titeln:	**Le** docteur Lacroix est parti en vacances.
– bei Körperteilen:	Géraldine a **les** yeux verts.
– festen Wendungen:	J'apprends **le** français.

Der Gebrauch des bestimmten Artikels bei Ländernamen

Je connais **l'**Amérique.	Ich kenne Amerika.
J'aime **le** Mali.	Ich mag Mali.
J'aime **les** Etats-Unis.	Ich mag **die** Vereinigten Staaten.
Le Poitou est situé dans le sud-ouest de la France.	**Das** Poitou befindet sich im Südwesten Frankreichs.

Sie haben sicherlich bemerkt, dass der bestimmte Artikel im Französischen bei Ländern gebraucht wird, während er im Deutschen in der Regel nur bei weiblichen Ländernamen benutzt wird.

Vor Kontinenten, Ländern und Provinzen wird der Artikel im Französischen verwendet.
Bei weiblichen Ländernamen wird der Artikel nicht verwendet, wenn sie in Verbindung mit der Präposition ***en, de*** und ***d'*** stehen:

Ma famille habite **en** France, mais mon père vient **de** Belgique et ma mère vient **d'**Allemagne.

1.2 Der unbestimmte Artikel

	männlich		weiblich	
Singular	un	livre	une	voiture
Plural	des	livres	des	voitures

Der unbestimmte Artikel lautet bei männlichen Substantiven im Singular ***un*** und bei weiblichen Substantiven ***une.*** Im Plural werden ***un*** und ***une*** zu ***des.***

Sie wissen sicherlich schon, dass es im Deutschen keinen Plural des unbestimmten Artikels gibt.
Er fällt im Deutschen einfach weg.

J'achète	**un**	livre.	Ich kaufe **ein** Buch.
J'achète	**des**	livres.	Ich kaufe Bücher.

1.3 Der Teilungsartikel

Das Deutsche kennt den Teilungsartikel nicht!
Also aufgepasst!

Die Formen des Teilungsartikels

Jean prend son petit-déjeuner.

Il prend	**du**	pain,
	de la	confiture,
	de l'	eau.

Der Teilungsartikel besteht aus der Präposition ***de*** und dem bestimmten Artikel.

Der Gebrauch des Teilungsartikels

1. Der Teilungsartikel wird **verwendet,** wenn man eine **unbestimmte** Menge, d. h. unzählbare Dinge, bezeichnen möchte. Er gibt einen Teil eines Ganzen an.

2. Der Teilungsartikel wird allerdings **nicht verwendet,** wenn **eine Sorte** oder **Gattung** als solche bezeichnet wird. In diesem Fall gebraucht man den bestimmten Artikel.

   Il aime **l'**eau, mais il déteste **le** thé.

3. Nach ***sans*** und ***de*** steht kein Teilungsartikel.

Jean prend son pain	**sans**	beurre.
Jean a besoin	**d'**	argent.

   Sollte jedoch eine bestimmte Menge gemeint sein, dann steht bei ***de*** der bestimmte Artikel:

   Jean a besoin **de l'**argent **qu'il a gagné**.

Sans, avec und der Teilungsartikel, das ist ein Kinderspiel. Merken Sie sich einfach, dass nach ***avec*** der Teilungsartikel verwendet wird und nach ***sans*** direkt das Substantiv ohne irgendeinen Artikel folgt.

Jean prend son pain **avec de la** confiture, mais **sans** beurre.

4. Außerdem steht der Teilungsartikel bei einigen festen Wendungen, z. B.:

faire **du** volley/du sport	Volleyball spielen/Sport treiben
jouer **du** piano	Klavier spielen
avoir **de la** chance	Glück haben

Wenn Sie sich das Leben erleichtern wollen, dann lernen Sie den Teilungsartikel bei festen Wendungen gleich mit.

Der Teilungsartikel und die Verneinung

Jean demande:			Annick répond:				
Est-ce qu'il y a encore	**du**	pain ?	Non, il	**n'**	y a plus	**de**	pain.
Est-ce qu'il y a encore	**de la**	confiture ?	Non, il	**n'**	y a plus	**de**	confiture.
Est-ce qu'il y a encore	**de l'**	eau ?	Non, il	**n'**	y a plus	**d'**	eau.

Die Verneinung wird beim Teilungsartikel mit ***ne... pas de*** gebildet.

Mengenangaben mit *de*

Il faut acheter		
un litre	**de**	vin,
un kilo	**de**	tomates,
une bouteille	**d'**	eau minérale,
beaucoup	**de**	fruits,
un peu	**de**	fromage,
assez	**de**	limonade.

An Mengenangaben, die eine **bestimmte Menge** oder **eine unbestimmte Anzahl** bezeichnen, wird das nachfolgende Substantiv nur mit der Präposition ***de*** angeschlossen.

2 *Le substantif* – Das Substantiv

Alle Substantive sind durch Geschlecht und Zahl (Singular oder Plural) gekennzeichnet.

2.1 Das Geschlecht der Substantive

Im Französischen gibt es nur **männliche** und **weibliche** Substantive. Das deutsche Neutrum existiert im Französischen nicht.

Außerdem haben deutsche männliche und weibliche Substantive im Französischen oft ein anderes Geschlecht, z. B.: ***la** mort* = **der** Tod und ***le** vase* = **die** Vase.

Da man das Geschlecht der Substantive oft nur am Artikel erkennen kann, empfiehlt es sich, den Artikel und das Geschlecht immer gleich mitzulernen.

2.1.1 Das Geschlecht bei Lebewesen

1. Bei Personen oder Tieren gibt es in der Regel für jedes Geschlecht eine Form.

   Für die Bildung der weiblichen Formen bestehen folgende Möglichkeiten:

männlich	→ **weiblich**	
un ami	→ une amie	- → -e
un employé	→ une employée	**-é → -ée**
un acteur	→ une actrice	**-teur → -trice**
		Ausnahme:
		un chant**eur** → une chant**euse**
un vendeur	→ une vendeuse	**-eur → -euse**
		Ausnahme:
		un péch**eur** → une péch**eresse**
un boulanger	→ une boulangère	**-er → -ère**
un voisin	→ une voisine	**-in → -ine**
		Ausnahme:
		un cop**ain** → une cop**ine**
un paysan	→ une paysanne	**-an → -anne**
un espion	→ une espionne	**-on → -onne**
		Ausnahme:
		un compag**non** → une compag**ne**
un Italien	→ une Italienne	**-ien → -ienne**
un veuf	→ une veuve	**-f → -ve**
un tigre	→ une tigresse	**-e → -esse**

2. Bei einigen Substantiven kann man das Geschlecht nur am **Artikel** erkennen, da die **männlichen** und die **weiblichen** Formen **identisch** sind.

Beispiele:

un élève	**une** élève
un enfant	**une** enfant
un journaliste	**une** journaliste
un secrétaire	**une** secrétaire

Für einige Berufe gibt es nur eine männliche Berufsbezeichnung, z. B.
un ingénieur, un médecin, un reporter und *un professeur.*

3. Daneben gibt es auch Personen-, Verwandtschafts- und Tierbezeichnungen, bei denen die **männliche** und **weibliche** Form aus zwei verschiedenen Substantiven bestehen.

Beispiele:

un **homme**	une **femme**
un **garçon**	une **fille**
un **frère**	une **sœur**
un **coq**	une **poule**

2.1.2 Das Geschlecht bei Sachen und Dingen

Das Geschlecht von Wortgruppen

Männlich sind

– Wochentage:	**le** lundi, **le** vendredi;
– Jahreszeiten:	**le** printemps, **l'**automne;
– Himmelsrichtungen:	**le** sud, **le** nord;
– Sprachen:	**le** portugais, **l'**italien;
– Bäume:	**le** chêne, **le** sapin;
– Metalle:	**l'**or, **le** platine;
– chemische Elemente:	**le** mercure, **le** soufre, **l'**uranium;
– Transportmittel:	**le** bus, **le** train, **l'**avion.

Weiblich sind

– Länder:	**la** France, **la** Pologne, *aber:* **le** Portugal, **le** Danemark, **le** Luxembourg;
– Flüsse:	**la** Saône, **la** Moselle, *aber:* **le** Rhône, **le** Danube;
– Wissenschaften:	**la** géographie, **la** médecine, *aber:* **le** droit;
– Autonamen:	**la** BMW, **la** Citroën.

Das Geschlecht bei bestimmten Wortendungen

Anhand von Wortendungen lässt sich das Geschlecht der Substantive bestimmen.

Substantive, die folgende Endungen aufweisen, sind meist **männlich:**

Endung	Beispiel	Ausnahme
-aire	**le** commissaire, **le** dictionnaire	
-an (+ Kons)	l'an, **le** sang	
-ent	**le** vent, l'argent	**la** dent
-ment	**le** développement	
-ier	**le** métier, **le** cahier	
-et	**le** billet, **le** guichet	
-in	**le** vin, **le** voisin	**la** fin
-ain	**le** pain, **le** bain	**la** main
-ail	**le** travail, **le** détail	
-al	l'hôpital, **le** cheval	
-isme	**le** tourisme, **le** socialisme	
-eau	**le** tableau, **le** bureau	l'eau
-oir	**le** devoir, **le** pouvoir	
-teur	**le** moteur, l'ordinateur	
-age	**le** garage,**le** visage	l'image, **la** cage, **la** page, **la** plage
-ège	**le** collège, **le** manège	

Im Deutschen sind Substantive, die auf ***-age*** und ***-ege*** enden weiblich, während sie im Französischen männlich sind, z.B. ***die** Garage, **die** Manege.*

Substantive, die folgende Endungen aufweisen, sind meist **weiblich**:

Endung	Beispiel	Ausnahme
-ade	**la** promenade, **la** salade	**le** stade
-ance	**la** distance, **la** confiance	
-ence	**la** différence, **la** concurrence	
-ée	**la** journée, **l'**employée	**le** musée, **le** lycée
-elle	**la** nouvelle, **la** chandelle	
-ère	**la** bouchère, **la** panthère	
-esse	**la** jeunesse, **la** politesse	
-ette	**la** baguette, **la** cigarette	
-euse	**la** vendeuse, **la** friteuse	
-ie	**la** boulangerie, **la** maladie	l'incendie
-ité	**la** nationalité, **la** popularité	**le** comité
-ine	**la** cuisine, **la** semaine	**le** domaine
-ion	**la** conversation, **la** télévision	l'avion, **le** camion, **le** million
-ure	**la** nature, **la** voiture	**le** murmure
-té	**la** bonté, **la** santé	**le** pâté, l'été
-tude	l'habitude, l'inquiétude	

Es wäre auch möglich, dass Ihnen Substantive begegnen, die sowohl weiblich als auch männlich sind. Passen Sie bei diesen Wörtern auf, da sich hinter dem unterschiedlichen Geschlecht ein **Bedeutungsunterschied** verbirgt, z. B.:

le livre	das Buch	**la** livre	das Pfund
le mode	die Art und Weise	**la** mode	die Mode.

2.2 Der Plural der Substantive

1. Im Plural erhalten die meisten Substantive einfach ein *-s*. Dieses *-s* wird aber nicht ausgesprochen.

Singular		Plural
le train	→	les trains
la voiture	→	les voitures

2. Substantive, die im Singular auf *-x, -z* oder *-s* enden, bleiben im Plural unverändert.

Singular		Plural
le prix	→	les prix
le nez	→	les nez
le Français	→	les Français

Singular		Plural	Ausnahmen		
le gât**eau**	→	les gâteau**x**			
le **jeu**	→	les jeu**x**	le pneu	→	les pneus
le bij**ou**	→	les bijou**x**	le cou	→	les cous
			le trou	→	les trous
le journ**al**	→	les journ**aux**	le bal	→	les bals
le trav**ail**	→	les trav**aux**	le détail	→	les détails

3. Bei Substantiven, die auf *-au, -eu* und *-ou* enden, wird im Plural einfach ein *-x* angehängt.
   Die Substantive auf *-al* und einige Substantive auf *-ail* erhalten im Plural die Endung *-aux*.

2.3 Nominativ, Genitiv, Dativ, Akkusativ

Die vier Fälle haben im Französischen im Gegensatz zum Deutschen keinen Einfluss auf die Form der Substantive.

Genitiv und Dativ werden mit Hilfe von Präpositionen ausgedrückt.
Beim Genitiv verwendet man die Präposition ***de***, beim Dativ die Präposition ***à***.

Je veux donner la lettre **de** Christine **à** ma mère. *Ich will Christines Brief meiner Mutter geben.*

Wie die Präpositionen *à* und *de* mit dem bestimmten Artikel verschmelzen, entnehmen Sie bitte Kapitel 1.1.

3 *L'adjectif* – Das Adjektiv

3.1 Die Stellung des Adjektivs

Das Adjektiv als Attribut

Im Gegensatz zum Deutschen stehen die meisten Adjektive im Französischen **hinter** dem Substantiv.

1. Die meisten Adjektive, insbesondere mehrsilbige Adjektive stehen in der Regel **hinter** dem Substantiv.

un livre	**intéressant**
un garçon	**sympathique**
une lettre	**importante**
une robe	**blanche**
un homme	**triste**
la langue	**française**

2. Kurze und häufig gebrauchte Adjektive stehen **vor** dem Substantiv, z. B. *grand, gros, petit, jeune, vieux, bon, mauvais, beau* und *joli.*

un	**bon**	livre
une	**jolie**	fille
un	**petit**	jardin
une	**grande**	maison
une	**mauvaise**	note
un	**vieil**	homme
une	**belle**	ville

3. Bei einigen Adjektiven ändert sich die Bedeutung je nachdem, ob sie **vor** oder **hinter** dem Substantiv stehen, z. B.:

un grand homme *ein **großartiger** Mann*	un homme grand *ein groß **gewachsener** Mann*
un pauvre homme *ein **bedauernswerter** Mann*	un homme pauvre *ein **armer** Mann*
la dernière minute *die **letzte** Minute*	l'année dernière *das **vorige** Jahr/**letztes** Jahr*

Das Adjektiv als Prädikat

Auch im Französischen hat man die Möglichkeit, das Adjektiv mit einem Verb zu verbinden. Meist benutzt man dabei das Verb *être*.

La maison est **petite** mais le jardin est **grand.**

3.2 Das Adjektiv im Singular und im Plural

Das Adjektiv richtet sich in Zahl und Geschlecht immer nach dem Substantiv.

Im Gegensatz zum Deutschen wird auch das prädikativ gebrauchte Adjektiv dem Substantiv angeglichen.

	männlich	**weiblich**
Singular	le petit jardin le jardin est petit	la petite maison la maison est petite
Plural	les petits jardins les jardins sont petits	les petites maisons les maisons sont petites

Die weibliche Form des Adjektivs bildet man, indem man an die männliche Form ein *-e* anhängt.
Endet die männliche Form bereits auf *-e*, so bleibt die weibliche Form unverändert, z. B.:

le livre rouge la voiture rouge.

Der Plural wird durch Anhängen von *-s* an die jeweilige Form des Singulars gebildet.

Es gibt einige wenige Adjektive, die grundsätzlich **nicht verändert** werden, so zum Beispiel ***bon marché, marron, orange, super*** und ***chic.***

La jupe **marron** est **bon marché** et très **chic.**
Et les pantalons **marron**, ils sont aussi **bon marché** et très **chic.**

3.3 Sonderfälle bei den Femininformen

Adjektive, die folgende Endungen haben, weisen Besonderheiten bei der Bildung der weiblichen Formen auf.

Regel	Männlich	Weiblich	Ausnahme
-er → -ère	cher	→ chère	
-et → -ète	complet	→ complète	muet → muette
-c → -que	turc	→ turque	blanc → blanche,
			sec → sèche
			grec → grecque
-f → -ve	actif	→ active	
-g → -gue	long	→ longue	
-eux → -euse	heureux	→ heureuse	
-el → -elle	naturel	→ naturelle	
-il → -ille	gentil	→ gentille	
-en → -enne	européen	→ européenne	
-on → -onne	bon	→ bonne	
-os → -osse	gros	→ grosse	
-teur ↗ -teuse	menteur	→ menteuse	
-teur ↘ -trice	conservateur	→ conservatrice	
-eur ↗ -eure	meilleur	→ meilleure	
-eur ↘ -euse	rieur	→ rieuse	

Wenn Sie sich nicht ganz sicher sind, wie die weibliche Form eines unregelmäßigen Adjektivs gebildet wird, dann schauen Sie im Wörterbuch nach. Die meisten Wörterbücher geben Hinweise auf die Bildung der weiblichen Form.

3.4 Sonderfälle bei der Pluralbildung

1. Adjektive, die auf ***-al*** enden, weisen Besonderheiten bei der Pluralbildung auf.

	männlich		weiblich	
Singular	un homme	**brutal**	une femme	**brutale**
Plural	des hommes	**brutaux**	des femmes	**brutales**

Die meisten Adjektive auf ***-al*** bilden den männlichen Plural auf ***-aux.*** Die weibliche Pluralfom wird allerdings ganz regelmäßig gebildet, indem man ein ***-s*** an die weibliche Form im Singular anhängt.

Es gibt aber auch Adjektive, die auf *-al* enden, wie z. B. ***banal, final, fatal*** und ***naval***, bei denen sowohl der männliche als auch der weibliche Plural durch das Hinzufügen von *-s* an die jeweilige Singularform gebildet werden:

un problème ban**al**   des problèmes ban**als**

Wenn Sie Adjektive auf ***-al*** problemlos anwenden wollen, dann lernen Sie bei jedem neuen Adjektiv auf ***-al*** den männlichen Plural einfach gleich mit.

2. Besonderheiten im Plural weisen auch Adjektive auf, die auf ***-eau,*** *-s* oder *-x* enden.

	männlich			**weiblich**		
Singular	un un	beau gros	jour sac	une une	belle grosse	surprise valise
Plural	de(s) de(s)	beaux gros	jours sacs	de(s) de(s)	belles grosses	surprises valises

Männliche Singularformen auf ***-eau*** erhalten im Plural ein ***-x.***
Adjektive, die männlich im Singular auf *-s* oder *-x* enden, bleiben im Plural **unverändert.**

3.5 Die Adjektive *beau, nouveau* und *vieux*

Beau, nouveau und ***vieux*** sind Adjektive, die Besonderheiten aufweisen und wie folgt angeglichen werden:

beau

	männlich	**weiblich**	
Singular	Il connaît ... un **beau** café.	une **belle** ville.	Einzahl vor Konsonant
	un **bel** hôtel.	une **belle** usine.	Einzahl vor Vokal/stummem h
Plural	de(s) **beaux** cafés. de(s) **beaux** hôtels.	de(s) **belles** villes. de(s) **belles** usines.	Mehrzahl vor Konsonant, Vokal und stummem h

nouveau

	männlich	weiblich	
Singular	Elle a ... un **nouveau** vélo. un **nouvel** hôtel.	 une **nouvelle** jupe. une **nouvelle** idée.	 Einzahl vor Konsonant Einzahl vor Vokal/ stummem h
Plural	des **nouveaux** vélos. des **nouveaux** hôtels.	des **nouvelles** jupes. des **nouvelles** idées.	Mehrzahl vor Konsonant, Vokal und stummem h

vieux

	männlich	weiblich	
Singular	Elle a ... un **vieux** vélo. un **vieil** hôtel.	 une **vieille** jupe. une **vieille** écharpe.	 Einzahl vor Konsonant Einzahl vor Vokal/ stummem h
Plural	de(s) **vieux** vélos. de(s) **vieux** hôtels.	de(s) **vieilles** jupes. de(s) **vieilles** écharpes.	Mehrzahl vor Konsonant, Vokal und stummem h

Beau, nouveau und ***vieux*** haben männlich im Singular je nachdem, ob das nachfolgende Substantiv mit einem Konsonanten oder einem Vokal oder stummem h beginnt, zwei Formen, wenn sie attributiv gebraucht werden.

beau, nouveau, vieux	vor männlichen Substantiven im Singular, die mit **Konsonant** beginnen.
bel, nouvel, vieil	vor männlichen Substantiven im Singular, die mit **Vokal** oder **stummem h** beginnen.

Bei prädikativem Gebrauch ist alles viel einfacher, da auch männlich im Singular nur die Formen ***beau, nouveau*** und ***vieux*** zur Verfügung stehen, z. B.

L'hôtel est **beau.**
L'ordinateur est **nouveau.**
L'ordinateur est **vieux.**

3.6 Die Steigerung der Adjektive

Die Steigerung im Französischen wird anders als im Deutschen gebildet. Aber keine Angst! Das Prinzip ist ganz einfach!

Der Positiv und der Komparativ

Marseille est **grande**. *Marseille ist groß.*	**Positiv**
Marseille est **plus grande que** Montpellier. *Marseille ist größer als Montpellier.* Marseille est **moins grande que** New York. *Marseille ist kleiner (weniger groß) als New York.* Marseille est **aussi grande que** Lyon. *Marseille ist genauso groß wie Lyon.*	**Komparativ**

Der Komparativ wird gebildet, indem man ***plus*** (Überlegenheit), ***moins*** (Unterlegenheit) oder ***aussi*** (Gleichheit) vor das Adjektiv setzt. Das Bezugswort des Vergleichs wird mit ***que*** angeschlossen.

Dem französischen Komparativ der Unterlegenheit mit ***moins*** entspricht im Deutschen in der Regel der Komparativ des Gegensatzbegriffs zum gesteigerten Adjektiv, z. B.:

Nadine est **grande**, mais elle est **moins grande** que sa mère.

Nadine ist **groß**, aber sie ist **kleiner** als ihre Mutter.

Auch bei der Steigerung richtet sich das Adjektiv nach dem Substantiv, auf das es sich bezieht.

Der Superlativ

Singular	Quel est	le	fleuve	**le**	**plus**	**long**	**d'**	Europe ?
				le	**moins**	**long**		
	Quelle est	la	ville	**la**	**plus**	**grande**	**du**	monde ?
				la	**moins**	**grande**		
Plural	Quels sont	les	trains	**les**	**plus**	**rapides**	**de**	France ?
				les	**moins**	**rapides**		
	Quelles sont	les	montagnes	**les**	**plus**	**hautes**	**du**	monde?
				les	**moins**	**hautes**		

Der Superlativ wird gebildet, indem man ***le/la/les plus*** (Überlegenheit) oder ***le/la/les moins*** (Unterlegenheit) vor das Adjektiv setzt.
Das Adjektiv gleicht sich auch beim Superlativ in Zahl und Geschlecht dem Substantiv an, auf das es sich bezieht.
Das Bezugswort wird mit der Präposition ***de*** angeschlossen.

Kurze häufig gebrauchte Adjektive können auch im Superlativ vor dem Substantiv stehen. Die Bildung des Superlativs erfolgt auf die gleiche Art und Weise.

Nicolas est	**le plus jeune**	fils	**de**	notre famille.
Marie est	**la plus petite**	fille	**de**	notre famille.

Es gibt allerdings auch unregelmäßige Steigerungsformen:

bon, bonne	*gut*
meilleur,e	*besser*
le/la meilleur, e	*der/die/das beste*
mauvais, e	*schlecht*
pire	*schlechter*
le/la pire	*der/die/das schlechteste*

4 *L'adverbe* – Das Adverb

Die Adverbien dienen zur näheren Bestimmung eines Verbs, Adjektivs oder Adverbs.

4.1 Die Formen

Die ursprünglichen Adverbien

Adverbien, die nicht von einem Adjektiv abgeleitet werden, nennt man ursprüngliche Adverbien. Sie lassen sich nach bestimmten Gesichtspunkten ordnen:

– Adverbien des Ortes:	ici, là
– Adverbien der bestimmten Zeit:	aujourd'hui, demain, hier, maintenant
– Adverbien der unbestimmten Zeit:	déjà, encore, longtemps, souvent, tard, tôt, toujours
– Adverbien der Menge:	assez, beaucoup, moins, peu, plus, trop
– Adverbien der Art und Weise:	bien, ensemble, mal, mieux, vite

Die abgeleiteten Adverbien

1. Die Adverbien, die von einem Adjektiv abgeleitet werden, nennt man abgeleitete Adverbien.
   Abgeleitete Adverbien bildet man, indem man die Endung *-ment,* an die weibliche Form des Adjektivs anhängt.

Adjektiv		**Adverb**
männlich	weiblich	
fort froid sérieux	fort**e** froid**e** séri**euse**	fort**ement** froid**ement** séri**eusement**

2. Bei Adjektiven, deren männliche und weibliche Form auf *-e* enden, wird die Endung *-ment* an diese Form angehängt.

Adjektiv		**Adverb**
männlich	weiblich	
terrib**le** diffici**le** prati**que** rapi**de**	terrib**le** diffici**le** prati**que** rapi**de**	terrib**lement** diffici**lement** prati**quement** rapi**dement**

3. Bei Adjektiven, die auf einem **hörbaren Vokal**, aber nicht auf **-e** enden, wird ***-ment*** an die männliche Form angehängt, z. B.:

Adjektiv		**Adverb**
männlich	weiblich	
vra**i**	vraie	vra**iment**
jol**i**	jolie	jol**iment**
absol**u**	absolue	absol**ument**

Es gibt Ausnahmen, bei denen das Adverb von der weiblichen Form abgeleitet wird.

gai, gaie → gai**ement**
nouveau, nouv**elle** → nouv**ellement**
fou, **folle** → **follement**

4. Adjektive, die auf *-ant* oder *-ent* enden, bilden ihr Adverb auf ***-amment*** und ***-emment.***

Adjektiv		**Adverb**
männlich	weiblich	
élég**ant**	élégante	élég**amment**
évid**ent**	évidente	évid**emment**

5. Es gibt außerdem unregelmäßige Adverbformen, z. B.:

Adjektiv		**Adverb**
männlich	weiblich	
précis	précise	précisément
énorme	énorme	énormément
gentil	gentille	gentiment
bref	brève	brièvement
bon	bonne	bien
meilleur	meilleure	mieux
mauvais	mauvaise	mal

4.2 Die Stellung der Adverbien

1. Die Adverbien des Ortes und der bestimmten Zeit stehen am **Satzanfang** oder am **Satzende.**

Aujourd'hui il fait beau. *oder:* Il fait beau **aujourd'hui.**

2. Die meisten anderen Adverbien stehen direkt **hinter** dem konjugierten Verb.

Philippe regarde **toujours** la télé.
Hier, il a **beaucoup** travaillé.

Aujourd'hui, il ne fait **pratiquement** rien.
Il veut **toujours** se reposer.

Tôt, tard und ***ensemble*** stehen in zusammengesetzten Zeiten immer **hinter** dem *Participe passé* und bei Infinitivkonstruktionen **hinter** dem Infinitiv.

Nous sommes arrivés **tôt.**
Nous voulons manger **ensemble.**

3. Adverbien, die sich auf den ganzen Satz beziehen, stehen in der Regel am **Anfang** oder am **Ende** des Satzes. Sie werden durch ein Komma vom restlichen Satz getrennt.

Malheureusement, je n'ai pas trouvé l'hôtel.

4.3 Die Steigerung der Adverbien

Das Adverb lässt sich genauso wie das Adjektiv steigern.

Positiv	Elle court **vite.** *Sie rennt schnell.*
Komparativ	Elle court **plus vite que** son mari. *Sie rennt schneller als ihr Mann.* Elle court **moins vite que** son mari. *Sie rennt langsamer als ihr Mann.* Elle court **aussi vite que** son mari. *Sie rennt genauso schnell wie ihr Mann.*
Superlativ	Elle court **le plus vite de** tous. *Sie rennt von allen am schnellsten.* Elle court **le moins vite de** tous. *Sie rennt von allen am langsamsten.*

Der Komparativ des Adverbs wird mit ***plus ... que*** bzw. ***moins ... que*** gebildet, der Vergleich mit ***aussi ... que.*** Der Superlativ wird mit ***le plus ... (de)*** und ***le moins ... (de)*** gebildet.

Es gibt allerdings auch unregelmäßige Steigerungsformen:

bien	mieux	le mieux
gut	*besser*	*am besten*
beaucoup	plus	le plus
viel	*mehr*	*am meisten*
peu	moins	le moins
wenig	*weniger*	*am wenigsten*

5 *Les pronoms* – Die Pronomen

5.1 Die verbundenen Personalpronomen

Im Gegensatz zu den unverbundenen Personalpronomen, denen wir uns später zuwenden, werden die verbundenen Personalpronomen nur in Verbindung mit einem Verb verwendet.

Die Formen der verbundenen Personalpronomen

Singular	1. Person	**je**	*ich*	
		j'		vor Vokal und stummem h
	2. Person	**tu**	*du*	
	3. Person	**il**	*er*	
		elle	*sie*	
Plural	1. Person	**nous**	*wir*	
	2. Person	**vous**	*ihr, Sie*	
	3. Person	**ils**	*sie*	männlich
		elles	*sie*	weiblich

1. Da das Französische nur männliche und weibliche Formen kennt, existiert das Personalpronomen „es" im Französischen nicht. Je nachdem, ob es sich um männliche oder weibliche Personen oder Sachen handelt, verwendet man anstelle von „es" ***il*** oder ***elle,*** z.B.:

La voiture est dans le garage.	***Das Auto*** *ist in der Garage.*
Elle est dans le garage.	***Es*** *ist in der Garage.*

2. Im Deutschen verwendet man sowohl für männliche als auch für weibliche Personen in der 3. Person Plural „sie“. Im Französischen muss man hingegen je nach Geschlecht ***ils*** oder ***elles*** wählen, z. B.:

Les garçons, **ils** jouent bien au tennis. *Die Jungen,* ***sie*** *spielen gut Tennis.* Les filles aussi, **elles** jouent bien au tennis. *Die Mädchen,* ***sie*** *spielen auch gut Tennis.*

Der Gebrauch der verbundenen Personalpronomen

Il, elle, ils, elles

	männlich	**weiblich**
Singular	**Monsieur Pasquali** est d'où ? **Il** est de Montpellier. **Le livre** est où ? **Il** est sur la table.	**Madame Pasquali** est d'où ? **Elle** est aussi de Montpellier. **La clé** est où ? **Elle** est sur la table.
	Il steht für einzelne männliche Personen und Dinge.	***Elle*** steht für einzelne weibliche Personen und Dinge.

	männlich	**weiblich**
Pural	**Les garçons** sont d'où ? **Ils** sont de Lyon. **Les livres** sont où ? **Ils** sont sur la table.	**Les filles** sont d'où ? **Elles** sont de Paris. **Les clés** sont où ? **Elles** sont sur la table.
	Ils steht für mehrere männliche Personen und Dinge.	***Elles*** steht für mehrere weibliche Personen und Dinge.

Sind sowohl mehrere männliche als auch weibliche Personen oder Dinge vertreten, so verwendet man ***ils.***

= **Les filles et les garçons** sont où ?
– **Ils** sont dans le jardin.

Die Höflichkeitsform *vous*

Das Pronomen ***vous*** wird auch als Höflichkeitsform für eine oder mehrere männliche oder weibliche Personen verwendet.

Monsieur Noblet, **vous** êtes fatigué ?	*Sind **Sie** müde, Herr Noblet?*
Voulez-**vous** entrer, Madame ?	*Wollen **Sie** eintreten, meine Dame?*
Mesdames et Messieurs, voulez-**vous** entrer ?	*Meine Damen und Herren, wollen **Sie** eintreten?*

5.2 Die unverbundenen Personalpronomen

Im Deutschen gibt es keine eigenen Formen für die unverbundenen Personalpronomen.

Die Formen der unverbundenen Personalpronomen

Singular	1. Person	**moi**	*ich*	
	2. Person	**toi**	*du*	
	3. Person	**lui**	*er*	
		elle	*sie*	
Plural	1. Person	**nous**	*wir*	
	2. Person	**vous**	*ihr, Sie*	
	3. Person	**eux**	*sie*	männlich
		elles	*sie*	weiblich

Der Gebrauch der unverbundenen Personalpronomen

Die unverbundenen oder betonten Personalpronomen werden verwendet

– nach einer Präposition:	= Est-ce que tu sors **avec moi**, ce soir ? – Non, je préfère sortir **sans toi.**
– zur Hervorhebung eines Subjekts:	= Qu'est-ce que vous faites dans la vie ? – **Moi, je** suis pharmacienne.
– allein:	= Qui veut apprendre le français ? – **Moi** !
– nach *c'est* und *ce sont:*	= Qui est-ce qui a pris les photos ? – **C'est lui** qui a pris les photos.
– beim bejahten Imperativ:	**Donnez-moi** le livre, s'il vous plaît.

5.3 Die direkten Objektpronomen

Die Formen der direkten Objektpronomen

Singular	1. Person	**me**	*mich*	
		m'	*mich*	vor Vokal und stummem h
	2. Person	**te**	*dich*	
		t'	*dich*	vor Vokal und stummem h
	3. Person	**le**	*ihn, es*	
		l'	*ihn, es*	vor Vokal und stummem h
		la	*sie*	
		l'	*sie*	vor Vokal und stummem h
Plural	1. Person	**nous**	*uns*	
	2. Person	**vous**	*euch, Sie*	
	3. Person	**les**	*sie*	

Denken Sie daran, dass auch bei den direkten Objektpronomen das ***-e*** vor Vokalen und stummem h entfällt. Insbesondere bei Sätzen im *Passé composé* mit *avoir* werden Sie damit ständig konfrontiert. Beispielsweise *je **l'**ai vu(e), tu **l'**as vu(e)* etc.

Der Gebrauch der direkten Objektpronomen

Die direkten Objektpronomen ersetzen ein **Akkusativobjekt** und stimmen in Zahl und Geschlecht mit ihm überein, z. B.:

	männlich	**weiblich**
Personen	Est-ce que tu as vu **Jean** ? Oui, je **l'**ai vu. Est-ce que tu as vu **les garçons** ? Oui, je **les** ai vus.	Est-ce que tu as vu **Brigitte** ? Oui, je **l'**ai vue. Est-ce que tu as vu **les filles** ? Oui, je **les** ai vues.
Dinge	Est-ce que Eric lit **ce livre** ? Oui, il **le** lit. Est-ce que vous lisez **ces livres** ? Oui, nous **les** lisons.	Est-ce que vous lisez **cette revue** ? Non, nous ne **la** lisons pas. Est-ce que vous lisez **ces revues** ? Non, nous ne **les** lisons pas.

Die Stellung der direkten Objektpronomen

1. Die direkten Objektpronomen stehen **vor dem konjugierten Verb.**
Wird der Satz verneint, so umschließt die Verneinung das Objektpronomen und das konjugierte Verb.
Steht der Satz im *Passé composé* oder im Plusquamperfekt, dann stehen die Objektpronomen vor dem konjugierten Hilfsverb.

= La télé t'intéresse ?	– Oui, elle **m**'intéresse. – Non, elle ne **m**'intéresse pas.
= Est-ce que vous avez acheté les journaux ?	– Oui, nous **les** avons achetés. – Non, nous ne **les** avons pas achetés.

2. Bei Verben, die einen Infinitiv bei sich haben, steht das direkte Objektpronomen **vor dem Infinitiv.**

= Est-ce que tu vas écouter la radio ?	– Oui, je vais **l'** écouter. – Non, je ne vais pas **l'**écouter.
= Est-ce que tu peux ranger ta chambre ?	– Oui, je peux **la** ranger. – Non, je ne peux pas **la** ranger.

3. Bei Imperativen wird das Objektpronomen **an den bejahten Imperativ** mit Hilfe eines Bindestrichs angehängt.

= Maman, est-ce que je peux inviter mes amis ?
– Oui, invite-**les**.

5.4 Die indirekten Objektpronomen

Die Formen der indirekten Objektpronomen

Singular	1. Person	**me**	*mir*	
		m'	*mir*	vor Vokal und stummem h
	2. Person	**te**	*dir*	
		t'	*dir*	vor Vokal und stummem h
	3. Person	**lui**	*ihm, ihr*	
Plural	1. Person	**nous**	*uns*	
	2. Person	**vous**	*euch, Ihnen*	
	3. Person	**leur**	*ihnen*	

Me, te, nous und ***vous*** erleichtern einem das Leben im Französischen sehr, da die direkten und indirekten Objektpronomen dieselbe Form haben.

Der Gebrauch der indirekten Objektpronomen

Die indirekten Objektpronomen ersetzen Dativobjekte, die in der Zahl mit dem Dativobjekt übereinstimmen.
Bei den Dativobjekten handelt es sich fast ausschließlich um Personen und Tiere.

Für männliche und weibliche Dativobjekte gibt es jeweils nur **ein** indirektes Objektpronomen.

männlich	**weiblich**	
Tu donnes ton adresse **à Jean** ? → Oui, je **lui** donne mon adresse.	Tu vas répondre **à Sandra** ? → Non, je ne vais pas **lui** répondre.	Singular
Vous écrivez **à vos amis** ? → Oui, nous **leur** écrivons.	Vous pouvez téléphoner **à mes amies** ? → Oui, nous pouvons **leur** téléphoner.	Plural

Im Deutschen hat man die Möglichkeit, in der 3. Person Singular ein männliches oder weibliches Pronomen zu wählen. Im Französischen hingegen gibt es dafür nur das indirekte Objektpronomen ***lui***, z. B.:

Ich gebe ***ihm*** *ein Buch.* *Ich gebe* ***ihr*** *ein Buch*

Je **lui** donne un livre.

Die Stellung der indirekten Objektpronomen

1. Die indirekten Objektpronomen stehen **vor dem konjugierten Verb.**
Wird der Satz verneint, so umschließt die Verneinung das Objektpronomen und das konjugierte Verb.
Steht der Satz im *Passé composé* oder im Plusquamperfekt, dann steht das Objektpronomen vor dem konjugierten Hilfsverb.

= Brigitte, tu téléphones à tes amies ?	– Oui, je **leur** téléphone. – Non, je ne **leur** téléphone pas.
= Est-ce que tu as montré les photos à ton copain ?	– Oui, je **lui** ai montré les photos. – Non, je ne **lui** ai pas montré les photos.

2. Bei Verben, die einen Infinitiv bei sich haben, steht das indirekte Objektpronomen **vor dem Infinitiv.**

= Est-ce que tu vas écrire à ta grand-mère ?	– Oui je vais **lui** écrire. – Non, je ne vais pas **lui** écrire.

5.5 Die Reflexivpronomen

Das Reflexivpronomen, das sich auf die gleiche Person wie das Subjekt des Satzes bezieht, verfügt nur für die 3. Person Singular und Plural über eine eigenständige Form, nämlich *se* bzw. *s'* vor Vokal und stummem h.
In den beiden anderen Personen ist das Reflexivpronomen identisch mit den Objektpronomen.

Je	**m'**	appelle Annie.
Tu	**t'**	appelles Jean.
Il Elle	**se**	promène en ville.
Nous	**nous**	lavons les mains.
Vous	**vous**	douchez ce soir.
Ils Elles	**s'**	habillent.

5.6 Das Adverbialpronomen *en*

Der Gebrauch von *en*

1. ***En*** ist ein Pronomen, das bestimmte Ergänzungen, meist Mengen, vertritt und in diesem Zusammenhang oft mit *davon* übersetzt wird.

Das Pronomen ***en*** vertritt Ergänzungen mit ***de***.
Es vertritt

– *des* + Substantiv:	= Est-ce que tu achètes **des fruits** ? – Oui, j'**en** achète.
– den Teilungsartikel + Substantiv:	= Est-ce que tu prends **de la limonade** ? – Oui, j'**en** prends.
– Mengenangabe + Substantiv:	= Tu veux **une bouteille de coca** ? – Oui, j'**en** veux **une.**
– Zahlwort + Substantiv:	= Tu prends **dix pommes** ? – Non, j'**en** prends seulement **six.**
– *un/une* + Substantiv:	= Est-ce que tu prends **une pomme** ? – Oui, j'**en** prends **une**.

Vertritt ***en*** eine Mengenangabe, ein Zahlwort oder *un/une* + Substantiv, so wird die Mengenangabe, das Zahlwort oder der unbestimmte Artikel im nachfolgenden Satz wieder aufgegriffen.

2. ***En*** vertritt auch andere Ergänzungen mit ***de.***
   In diesen Fällen wird ***en*** oft mit *davon, darüber, von dort* und *dorther* übersetzt.

   Das Pronomen ***en*** vertritt Ergänzungen mit
   de + **Sachsubstantiven**, z. B. nach den Verben
   parler de, rêver de, revenir de, se souvenir de, rentrer de usw.:

= Tu es déjà rentré **du Portugal** ?

– Oui, j'**en** suis rentré hier, mais j'**en** rêve encore.

Achtung! Folgt auf die Präposition ***de*** ein Personensubstantiv, so übernehmen die betonten Personalpronomen seine Vertretung, z. B.:

Tu te souviens **d'Annette** ?

Non, je ne me souviens pas **d'elle**.

Die Stellung von en

1. Das Pronomen *en* steht **vor dem konjugierten Verb.** Wird der Satz verneint, so umschließt die Verneinung *en* und das konjugierte Verb.
   Steht der Satz im *Passé composé* oder im Plusquamperfekt, dann steht *en* vor dem konjugierten Hilfsverb.

= Est-ce que tu prends du beurre ?	– Oui, j'**en** prends.
= Est-ce que Martin a acheté du beurre hier?	– Oui, il **en** a acheté. – Non, il n'**en** a pas acheté.

2. Bei Verben, die einen Infinitiv bei sich haben, steht *en* **vor dem Infinitiv.**

> Il me manque du café.
> Alors je vais **en** acheter tout de suite.

3. Bei Imperativen wird *en* **an den bejahten Imperativ** mit Hilfe eines Bindestrichs angehängt.

> = Est-ce que je peux prendre du fromage ?
> – Oui, prends-**en.**

Aber aufgepasst! Bei den Verben auf ***-er*** wird an den Imperativ Singular des Verbs ein ***-s*** angehängt.

> = Est-ce que je peux manger du pain ?
> – Oui, mange**s-en.**

5.7 Das Adverbialpronomen *y*

Der Gebrauch von *y*

Das Pronomen *y* vertritt

- Ortsbestimmungen, die durch Präpositionen wie *à, dans, en, chez, sur* und *sous* eingeleitet werden:
- Ergänzungen mit *à* + Sachsubstantiven:

= Est-ce que vous habitez **à Paris** ?
– Oui, nous **y** habitons.

= Est-ce que tu penses **à Noël** ?
– Oui, j'**y** pense toujours.

Das Pronomen *y* ersetzt niemals Ergänzungen mit ***de***, auch wenn es sich um **Ortsangaben** handelt!

= Est-ce que tu es rentré **de France** ?
– Oui, j'**en** suis rentré hier.

Die Stellung von *y*

1. Das Pronomen *y* steht **vor dem konjugierten Verb.** Wird der Satz verneint, so umschließt die Verneinung *y* und das konjugierte Verb.
   Steht der Satz im *Passé composé* oder im Plusquamperfekt, dann steht *y* vor dem konjugierten Hilfsverb.

= Est-ce que vous allez en France ?
– Oui, nous **y** allons.
– Non, nous n'**y** allons pas.

= Est-ce que tu a acheté ton pain dans ce supermarché ?
– Oui, j'**y** ai acheté mon pain.
– Non, je n'**y** ai pas acheté mon pain.

2. Bei Verben, die einen Infinitiv bei sich haben, steht *y* **vor dem Infinitiv.**

J'ai oublié mon porte-monnaie à la boulangerie.
Alors je vais **y** aller tout de suite.

3. Bei Imperativen wird *y* **an den bejahten Imperativ** mit Hilfe eines Bindestrichs angehängt. Aber aufgepasst! Bei den Verben auf *-er* sowie bei dem unregelmäßigen Verb *aller* wird an den Imperativ Singular ein *-s* angehängt.

Va**s-y**.

5.8 Die Stellung der Pronomen bei mehreren Pronomen im Satz

Wenn mehrere Pronomen in einem Satz auftreten, so erscheinen sie in einer bestimmten Reihenfolge:

me				
	le			
te		lui		
	la		y en	+ konjugierte Verbform oder Infinitiv
se		leur		
	les			
nous				
vous				

Es können bis zu zwei Pronomen vor dem konjugierten Verb oder Infinitiv, wie folgt, stehen:

me te se nous vous = Maman, est-ce que tu me racontes l'histoire ?	vor	le la les : – Oui, je **te la** raconte tout de suite.
le la les = Est-ce que vous lui avez donné le livre ?	vor	lui leur : – Non, je ne **le lui** ai pas encore donné.
me te se nous vous lui leur = Est-ce que tu peux nous parler des vacances ?	vor	y en : – Oui, je vais **vous en** parler tout de suite.
y = Il y a encore du café ?	vor	en : – Oui, il **y en** a encore.

5.9 Die Demonstrativpronomen

Die Formen der Demonstrativpronomen

	vor Konsonant	vor Vokal	vor stummem h
männliche Formen			
Singular	**ce** train	**cet** arbre	**cet** hôtel
Plural	**ces** trains	**ces** arbres	**ces** hôtels
weibliche Formen			
Singular	**cette** ville	**cette** information	**cette** histoire
Plural	**ces** villes	**ces** informations	**ces** histoires

Das Demonstrativpronomen im Singular lautet für männliche Substantive ***ce*** und für weibliche Substantive ***cette***. Vor Vokal und stummem h wird ***ce*** zu ***cet***.
Im Plural gibt es für männliche und weibliche Substantive nur eine Form, nämlich ***ces***.

Der Gebrauch der Demonstrativpronomen

Die Demonstrativpronomen werden benutzt, um auf bestimmte Gegenstände oder Personen hinzuweisen.

Il faut lire **ce** livre. Man muss dieses Buch lesen.

Die Demonstrativpronomen gebraucht man auch in folgenden Wendungen, die Sie sich am Besten gleich einprägen:

ce matin — **heute** Morgen
cet après-midi — **heute** Nachmittag
ce soir — **heute** Abend

5.10 Die Possessivpronomen

Die Formen der Possessivpronomen

Substantiv / Ein Besitzer	Singular				Plural	
	männlich		weiblich		männlich + weiblich	
1. Person	**mon**	frère	**ma**	sœur	**mes**	frères/amis
	mon	ami	**mon**	amie	**mes**	sœurs/amies
2. Person	**ton**	frère	**ta**	sœur	**tes**	frères/amis
	ton	ami	**ton**	amie	**tes**	sœurs/amies
3. Person	**son**	frère	**sa**	sœur	**ses**	frères/amis
	son	ami	**son**	amie	**ses**	sœurs/amies
Mehrere Besitzer						
1. Person	**notre**	frère	**notre**	sœur	**nos**	frères
					nos	sœurs
2. Person	**votre**	frère	**votre**	sœur	**vos**	frères
					vos	sœurs
3. Person	**leur**	frère	**leur**	sœur	**leurs**	frères
					leurs	sœurs

Im Gegensatz zum Deutschen richtet sich das Possessivpronomen im Französischen **nicht** nach dem **Geschlecht des Besitzers**, sondern nach der **Zahl und dem Geschlecht des Besitzes.**

Aufgepasst! Wenn ein weibliches Substantiv mit Vokal oder stummem h beginnt, so stehen in der 1., 2. und 3. Person Singular die Possessivpronomen ***mon, ton*** und ***son*** vor dem Substantiv, auf das sie sich beziehen.

Der Gebrauch der Possessivpronomen

Die Possessivpronomen werden verwendet, um ein Besitz- oder ein Zugehörigkeitsverhältnis zum Ausdruck zu bringen.

Sur la table, il y a **mon** livre.	Auf dem Tisch befindet sich mein Buch.
Je vais passer les vacances avec **mes** parents.	Ich werde die Ferien mit meinen Eltern verbringen.

5.11 Die Indefinitpronomen

5.11.1 aucun

= Est-ce qu'il y a un problème ou une question ?
Gibt es ein Problem oder eine Frage?
– Non, nous **n'**avons **aucun** problème et **aucune** question.
*Nein, wir haben **kein** Problem und **keine** Frage.*

Aucun stimmt im Genus mit seinen Bezugselementen überein.
Tritt es hingegen in **verneinten** Sätzen auf, so wird es von der Negation ***ne*** begleitet und mit **kein** übersetzt.

5.11.2 certain

certain als Begleiter des Substantivs

Certain als Begleiter des Substantivs wird in der Bedeutung **gewiss** oder **bestimmt** verwendet.

		männlich			**weiblich**	
Singular	Il y a	**un certain**	problème	avec	**une certaine**	personne.
Plural	Il y a	**certains**	problèmes	avec	**certaines**	personnes.

Wenn ***certain*** als Begleiter des Substantivs verwendet wird, so gleicht es sich in Zahl und Geschlecht dem Substantiv an, auf das es sich bezieht.
Im Singular steht vor *certain, certaine* der unbestimmte Artikel ***un*** oder ***une***, der im Plural entfällt.

certains als Stellvertreter des Substantivs

Tous mes amis veulent faire une fête, mais **certains** ne veulent pas m' aider à la préparer.

Wenn ***certains*** als Stellvertreter des Substantivs gebraucht wird, kann es ins Deutsche mit **einige**, **gewisse** oder **bestimmte** übersetzt werden.
Certains ist in dieser Funktion unveränderlich.
Das Verb wird in der 3. Person Plural angeschlossen.

5.11.3 chaque, chacun

Chaque ist unveränderlicher Begleiter des Substantivs.

Le chef du supermarché parle aux employés:
On a besoin de **chaque** client et de **chaque** cliente.
*Wir brauchen **jeden** Kunden und **jede** Kundin.*

Chacun und *chacune* ersetzen ein Substantiv. Sie werden nur im Singular gebraucht.

Chacun steht für männliche Substantive.
Chacune ersetzt weibliche Substantive.

Il dit bonjour à **chacun** et à **chacune**.
*Er sagt **jedem** und **jeder** guten Tag.*

5.11.4 Das unpersönliche *on*

On wird in der Umgangssprache häufig für *nous* verwendet und wird mit **wir** übersetzt.

Vous êtes où ?	
Nous sommes ici.	***Wir** sind hier.*
On est ici.	***Wir** sind hier.*

On kann auch für das deutsche **man** stehen.

On dit que ...	***Man** sagt, dass ...*

5.11.5 plusieurs

Plusieurs in der Bedeutung von **mehrere** ist unveränderlich und steht als

– Begleiter des Substantivs: On a vendu **plusieurs** jupes et pantalons.

– als Stellvertreter des Substantivs: **Plusieurs** sont bon marché.

5.11.6 quelqu'un/quelque chose – personne/rien

Quelqu'un est venu. ***Jemand*** *ist gekommen.*	**Personne n**'est venu. ***Niemand*** *ist gekommen.*
Quelque chose me fait plaisir. ***Etwas*** *macht mir Spaß.*	**Rien ne** me fait plaisir. ***Nichts*** *macht mir Spaß.*
J'ai vu **quelqu'un**. *Ich habe* ***jemanden*** *gesehen.*	Je **n**'ai vu **personne**. *Ich habe* ***niemanden*** *gesehen.*
J'ai trouvé **quelque chose**. *Ich habe* ***etwas*** *gefunden.*	Je **n**'ai **rien** trouvé. *Ich habe* ***nichts*** *gefunden.*

Quelqu'un und ***quelque chose*** werden als Subjekt und Objekt in bejahenden Sätzen verwendet.
Personne und ***rien*** stehen in verneinenden Sätzen in Verbindung mit dem Verneinungselement ***ne***.

5.11.7 quelque(s)

Il me faut **quelque** temps pour terminer le livre.
Ich benötige ***einige*** *Zeit, um das Buch zu beenden.*

Je vais acheter **quelques** livres.
Ich werde ***einige*** *Bücher kaufen.*

Plus tard, je vais acheter aussi **quelques** pommes.
Später werde ich auch ***einige*** *Äpfel kaufen.*

Quelque als Begleiter des Substantivs gleicht sich in der Zahl dem Substantiv an.
Quelque steht im Singular vor männlichen und weiblichen Substantiven ohne Artikel. Es wird meistens literarisch gebraucht.
Quelques steht im Plural vor männlichen oder weiblichen Substantiven, die von dem bestimmten Artikel oder einem Demonstrativpronomen begleitet werden oder aber ohne Artikel stehen.

5.11.8 tout

Die Formen von *tout* als Begleiter des Substantivs

	männlich		weiblich	
	Philippe a vu			
Singular	**tout**	le monde,	**toute**	la France,
Plural	**tous**	les pays,	**toutes**	les capitales.

Tout ist veränderlich und richtet sich in Geschlecht und Zahl nach dem zugehörigen Substantiv.
Nach ***tout*** folgt meist der bestimmte Artikel.
Anstelle des bestimmten Artikels können auch Possessivpronomen oder Demonstrativpronomen folgen, z.B. *toutes* ***mes*** *amies, toute* ***ma*** *famille.*

Im Gegensatz zum Deutschen steht *tout* immer vor dem bestimmten Artikel.

J'ai déjà écouté ***toutes les*** chansons d' Edith Piaf. — Ich habe schon **die ganzen** Chansons von Edith Piaf gehört.

Der Gebrauch von *tout* als Begleiter des Substantivs

Tout + **bestimmter Artikel** wird gebraucht, um **der/die/das ganze** oder **alle** zum Ausdruck zu bringen.

Das unveränderliche *tout*

Tout ist in der Bedeutung von **alles** unveränderlich:

Est-ce que tu as **tout** mangé ? — Hast du alles gegessen?

6 *La négation* – Die Verneinung

6.1 Die Verneinungselemente

Die Verneinung wird aus dem Verneinungselement ***ne*** und einem weiteren Verneinungswort gebildet.
Steht ***ne*** vor Vokal oder stummem h, so verkürzt es sich zu ***n'***.

Anders als im Deutschen besteht die französische Verneinung aus zwei Wörtern.

Folgende Verneinungselemente gibt es im Französischen:

ne ... pas	*nicht*
ne ... plus	*nicht mehr*
ne ... jamais	*nie*
ne ... plus jamais	*nie mehr*
ne ... rien	*nichts*
ne ... plus rien	*nichts mehr*
ne ... personne	*niemand*
ne ... plus personne	*niemand mehr*
ne ... pas encore	*noch nicht*
ne ... toujours pas	*immer noch nicht*
ne ... pas toujours	*nicht immer*
ne ... ni ... ni	*weder ... noch*
ne ... pas ... ni	*weder ... noch*
ne ... pas ... du tout	*überhaupt nicht*

Wenn Sie wollen, können Sie in der Umgangssprache im Gespräch das Element **ne** auch weg lassen, denn dies machen die Franzosen gerne.
In der Schriftsprache muss **ne** allerdings immer benutzt werden, daran führt kein Weg vorbei.

6.2 Die Stellung der Verneinungselemente

Im Folgenden haben wir für Sie aufgeführt, wie sich die Verneinungselemente in einem Satz verhalten.

Le pauvre Luc !

Il	**ne**	sait	**pas**	conduire.	
Il	**n'**	habite	**plus**	ici.	
Il	**ne**	va	**jamais**	au théâtre.	
Il	**ne**	mange	**plus jamais**	dans un restaurant.	
Il	**ne**	lit	**rien.**		
Il	**ne**	fait	**plus rien.**		
Il	**ne**	voit	**personne.**		
Il	**ne**	connaît	**plus personne.**		
Il	**ne**	sait	**pas encore**	faire la cuisine.	
Il	**n'**	est	**toujours pas**	heureux.	
Il	**n'**	a	**pas toujours**	envie de se lever.	
Il	**n'**	aime	**ni**	sa femme	**ni** son fils.
Il	**n'**	aime	**pas**	sa femme,	**ni** son fils d'ailleurs !
Il	**ne**	veut	**ni**	faire les courses	**ni** manger.
Il	**ne**	veut	**pas**	boire,	**ni** manger d'ailleurs !
Il	**n'**	est	**pas**	content	**du tout.**

1. Die Verneinungselemente umschließen in einfachen Zeiten und im Imperativ das konjugierte Verb:

ne n'	konjugiertes Verb	pas plus rien jamais personne etc.

2. Dies gilt auch bei Infinitivkonstruktionen, außer bei der Veneinung mit ***ne ... personne:***

ne n'	konjugiertes Verb	pas plus rien jamais etc.	Infinitiv

Ne ... personne umschließt das konjugierte Verb und den Infinitiv:

ne n'	konjugiertes Verb	Infinitiv	personne

3. Steht ein Reflexivpronomen, ein direktes oder indirektes Objektpronomen bzw. ***en*** oder ***y*** vor dem konjugierten Verb, so umschließt die Verneinung die Gruppe aus Pronomen und Verb:

ne n'	Pronomen	konjugiertes Verb	pas plus rien jamais personne etc.

4. In zusammengesetzten Zeiten umschließen die Verneinungselemente das Hilfsverb, außer bei der Verneinung ***ne ... personne***.

ne n′	avoir/être	pas plus rien jamais etc.	Partizip

Ne ... personne umschließt das Hilfsverb und das Partizip:

ne n'	avoir/être	Partizip	personne

Merken Sie sich, dass ***ne*** immer links von dem konjugierten Verb und ***pas, plus, jamais*** usw. rechts davon stehen.

6.3 Die Verneinung in Verbindung mit Mengen

Bei Verneinungen in Verbindung mit Mengenangaben drückt die Verneinung die **„Menge Null"** aus.
Zwischen der Verneinung und dem folgenden Substantiv steht ***de***.
Vor Vokal und stummem h wird ***de*** zu ***d'***:

Je	**n'**	ai	**pas**	**d'**	oranges.	*keine*
			plus	**de**	pommes.	*keine ... mehr*
			jamais	**de**	viande.	*nie*

Un, une oder ***des*** werden in der Verneinung zu ***de:***

	un	restaurant	
= Est-ce qu'il y a	**une**	école	près d'ici ?
	des	hôtels	
	de	restaurant	
– Non, monsieur, il **n'**y a pas	**d'**	école	près d'ici.
	d'	hôtels	

Werden jedoch die Verben ***être, aimer*** oder ***détester*** verneint, so steht kein ***de***.

Bei ***aimer*** und ***détester*** folgt **der bestimmte Artikel:**

Je	**n'**	aime	**pas**	**les**	oranges.
Je	**ne**	déteste	**pas**	**les**	poires.

Bei ***être*** folgt **der unbestimmte Artikel**, ***des*** oder ein **anderer Begleiter:**

= Est-ce que c'est un chien ?	– Non, ce **n'**est **pas un** chien. C'est un chat.
= Est-ce que ce sont **des** fraises bon marché ?	– Non, ce **ne** sont **pas des** fraises bon marché. Elles sont chères.
= Est-ce que c'est **ton** copain ?	– Non, ce **n'**est **pas mon** copain.

7 *Le verbe* – Das Verb

7.1 Die Bildung der Verben auf *-er* im Präsens

Die regelmäßigen Verben auf *-er*

Es lohnt sich, die Konjugation der Verben auf *-er* zu lernen, da die meisten dieser Verben regelmäßig sind und sie rund 90% der französischen Verben ausmachen.

Die Konjugation der Verben auf *-er* lautet im Präsens wie folgt:

parler	
je	parl**e**
tu	parl**es**
il / elle / on	parl**e**
nous	parl**ons**
vous	parl**ez**
ils / elles	parl**ent**

Die Verben auf *-er* haben die Endungen *-e, -es, -e, -ons, -ez, -ent.* Allerdings kann man in der gesprochenen Sprache nur die Endungen *-ons* und *-ez* hören, da alle anderen Endungen fast stumm sind.

Die Verben auf *-er* mit Besonderheiten in der Schreibweise

Die Verben, die auf *-cer* und *-ger* enden, weisen Besonderheiten im Schriftbild auf:

commencer		**manger**	
je	commence	je	mange
tu	commences	tu	manges
il / elle / on	commence	il / elle / on	mange
nous	commen**ç**ons	nous	man**ge**ons
vous	commencez	vous	mangez
ils / elles	commencent	ils / elles	mangent

Damit die Aussprache des Stammes immer erhalten bleibt, wird bei den Verben:

– auf *-cer* in der 1. Person Plural *-c-* zu *-ç-*.
– auf *-ger* in der 1. Person Plural *-g-* zu *-ge-*.

Die Verben auf *-ayer, -oyer* und *-uyer*

Die Konjugation der Verben auf ***-ayer*** lautet wie folgt:

payer	
je	paie/paye
tu	paies/payes
il / elle / on	paie/paye
nous	payons
vous	payez
ils / elles	paient/payent

Bei den Verben, die auf ***-ayer*** enden, wird meist das *-y-* in der 1., 2. und 3. Person Singular sowie in der 3. Person Plural zu **-i-**. Die Formen mit *-y-* existieren jedoch ebenfalls.

Das Konjugationsmuster der Verben, die auf ***-oyer*** und ***-uyer*** enden, lautet wie folgt:

nettoyer		**essuyer**	
je	nettoie	j'	essuie
tu	nettoies	tu	essuies
il / elle / on	nettoie	il / elle / on	essuie
nous	nettoyons	nous	essuyons
vous	nettoyez	vous	essuyez
ils / elles	nettoient	ils / elles	essuient

Bei den Verben auf ***-oyer*** und ***-uyer*** wird das *-y-* in der 1., 2. und 3. Person Singular sowie in der 3. Person Plural zu ***-i-***.

Verben auf *-er* mit stamm- und endungsbetonten Formen

Bei Verben mit stammbetonten und endungsbetonten Formen sind immer die 1., 2. und 3. Person Singular sowie die 3. Person Plural stammbetont und die 1. und 2. Person Plural endungsbetont.

1. Es gibt Verben auf *-er* mit stamm- und endungsbetonten Formen, die wie folgt konjugiert werden:

acheter	
j'	achète
tu	achètes
il / elle / on	achète
nous	achetons
vous	achetez
ils / elles	achètent

Wenn man die Endung nicht hört, erhält das *-e* des Stammes einen **Akzent**.

Nach diesem Konjugationsmuster werden auch folgende Verben konjugiert:

enlever, lever, mener, peser usw.

2. Andere Verben mit stamm- und endungsbetonten Formen verdoppeln im Stamm einen Konsonanten, wenn die Form stammbetont ist.

jeter	
je	je**tt**e
tu	je**tt**es
il / elle / on	je**tt**e
nous	je**t**ons
vous	je**t**ez
ils / elles	je**tt**ent

Nach diesem Konjugationsmuster werden auch folgende Verben konjugiert:

s'appeler, se rappeler, épeler, projeter usw.

3. Stamm- und endungsbetonte Verben, die auf ***-é...er*** enden, werden wie folgt konjugiert:

préférer	
je	préfère
tu	préfères
il / elle / on	préfère
nous	préférons
vous	préférez
ils / elles	préfèrent

Nach diesem Konjugationsmuster werden auch folgende Verben konjugiert:

compléter, espérer, répéter, exagérer usw.

7.2 Die Bildung der Verben auf *-ir* im Präsens

Die Verben auf ***-ir*** werden in Verben **mit** und **ohne Stammerweiterung** unterteilt. Insgesamt gibt es ungefähr 300 Verben, die auf ***-ir*** enden.

Lernen Sie bei jedem Verb, das auf ***-ir*** endet, gleich mit, ob es sich um ein Verb **mit** oder **ohne Stammerweiterung** handelt.

Verben auf *-ir* ohne Stammerweiterung

Das Konjugationsmuster dieser Verben sieht so aus:

partir	
je	par**s**
tu	par**s**
il / elle / on	par**t**
nous	part**ons**
vous	part**ez**
ils / elles	part**ent**

Die Verben auf ***-ir*** ohne Stammerweiterung haben im Präsens die Endungen ***-s, -s, -t, -ons, -ez, -ent.***
In der 1., 2. und 3. Person Singular fällt der Endkonsonant weg.

Verben auf *-ir* mit Stammerweiterung

Die Konjugation der Verben, die auf ***-ir*** enden und die Stammerweiterung haben, sieht wie folgt aus:

finir	
je	fini**s**
tu	fini**s**
il / elle / on	fini**t**
nous	fini**ssons**
vous	fini**ssez**
ils / elles	fini**ssent**

Die Verben auf ***-ir*** mit Stammerweiterung haben dieselben Endungen wie die Verben ohne Stammerweiterung.
Sie enden auf ***-s, -s, -t, -ons, -ez, -ent.***
Außerdem wird in der 1., 2. und 3. Person Plural ***-iss-*** vor der Endung hinzugefügt.

7.3 Die Bildung der Verben auf *-re* im Präsens

Diese Verbgruppe umfasst ungefähr 180 Verben, wovon viele unregelmäßig sind. Es ist deshalb ratsam, zu jedem neu gelernten Verb die Konjugation gleich mitzulernen.

lire	
je	lis
tu	lis
il / elle / on	lit
nous	lisons
vous	lisez
ils / elles	lisent

Die Verben auf *-re* enden in der Regel auf ***-s, -s, -t, -ons, -ez, -ent.***
Da sie aber oft einen unregelmäßigen Stamm haben, muss man jedes Verb einzeln lernen.

Die Verben auf *-dre* im Präsens

Anders hingegen ist das Konjugationsmuster der Verben auf ***-dre.***

attendre	
j'	attends
tu	attends
il / elle / on	attend
nous	attendons
vous	attendez
ils / elles	attendent

Die Verben auf ***-dre*** enden in der 1. und 2. Person Singular auf ***-s,*** in der 1. Person Plural auf ***-ons,*** in der 2. Person Plural auf ***-ez*** und in der 3. Person Plural auf ***-ent.***

7.4 Die wichtigsten unregelmäßigen Verben im Präsens

Infinitiv	Verbformen	Einige weitere Verben nach dem gleichen Muster
avoir	j' ai, tu as, il/elle/on a, nous avons, vous avez, ils/elles ont	
être	je suis, tu es, il/elle/on est, nous sommes, vous êtes, ils/elles sont	
aller	je vais, tu vas, il/elle/on va, nous allons, vous allez, ils/elles vont	
boire	je bois, tu bois, il/elle/on boit, nous buvons, vous buvez, ils/elles boivent	
conduire	je conduis, tu conduis, il/elle/on conduit, nous conduisons, vous conduisez, ils/elles conduisent	construire, cuire, traduire
connaître	je connais, tu connais, il/elle/on connaît, nous connaissons, vous connaissez, ils/elles connaissent	disparaître, paraître
courir	je cours, tu cours, il/elle/on court, nous courons, vous courez, ils/elles courent	concourir, parcourir

Infinitiv	Verbformen				Einige weitere Verben nach dem gleichen Muster
craindre	je tu il elle on	crains crains craint	nous vous ils elles	craignons craignez craignent	atteindre, containdre, joindre, se plaindre
croire	je tu il elle on	crois crois croit	nous vous ils elles	croyons croyez croient	
devoir	je tu il elle on	dois dois doit	nous vous ils elles	devons devez doivent	
dire	je tu il elle on	dis dis dit	nous vous ils elles	disons dites disent	contredire, interdire
écrire	j' tu il elle on	écris écris écrit	nous vous ils elles	écrivons écrivez écrivent	décrire, inscrire
faire	je tu il elle on	fais fais fait	nous vous ils elles	faisons faites font	
falloir	il	faut			
mettre	je tu il elle on	mets mets met	nous vous ils elles	mettons mettez mettent	permettre, promettre, transmettre

Infinitiv	Verbformen	Einige weitere Verben nach dem gleichen Muster
mourir	je meurs tu meurs il / elle / on meurt nous mourons vous mourez ils / elles meurent	
offrir	j' offre tu offres il / elle / on offre nous offrons vous offrez ils / elles offrent	découvrir, ouvrir, souffrir
plaire	je plais tu plais il / elle / on plaît nous plaisons vous plaisez ils / elles plaisent	
pleuvoir	il pleut	
pouvoir	je peux tu peux il / elle / on peut nous pouvons vous pouvez ils / elles peuvent	
prendre	je prends tu prends il / elle / on prend nous prenons vous prenez ils / elles prennent	comprendre, surprendre
recevoir	je reçois tu reçois il / elle / on reçoit nous recevons vous recevez ils / elles reçoivent	
rire	je ris tu ris il / elle / on rit nous rions vous riez ils / elles rient	

Infinitiv	Verbformen	Einige weitere Verben nach dem gleichen Muster
savoir	je sais tu sais il / elle / on sait nous savons vous savez ils / elles savent	
suivre	je suis tu suis il / elle / on suit nous suivons vous suivez ils / elles suivent	poursuivre
venir	je viens tu viens il / elle / on vient nous venons vous venez ils / elles viennent	appartenir, devenir, soutenir, tenir
valoir	il vaut	
vivre	je vis tu vis il / elle / on vit nous vivons vous vivez ils / elles vivent	survivre
voir	je vois tu vois il / elle / on voit nous voyons vous voyez ils / elles voient	
vouloir	je veux tu veux il / elle / on veut nous voulons vous voulez ils / elles veulent	

7.5 Die Bildung der reflexiven Verben

Die reflexiven Verben haben ein Reflexivpronomen bei sich, das sich auf das Subjekt bezieht. Ansonsten werden sie wie alle anderen Verben behandelt.

Im Gegensatz zum Deutschen stehen die Reflexivpronomen im Französischen vor dem konjugiertenVerb:

s'habiller			**se laver**		
je	**m'**	habille	je	**me**	lave
tu	**t'**	habilles	tu	**te**	laves
il / elle / on	**s'**	habille	il / elle / on	**se**	lave
nous	**nous**	habillons	nous	**nous**	lavons
vous	**vous**	habillez	vous	**vous**	lavez
ils / elles	**s'**	habillent	ils / elles	**se**	lavent

Die Reflexivpronomen lauten ***me, te, se, nous, vous*** und ***se***. ***Me, te*** und ***se*** werden vor Vokal oder stummem h zu ***m', t'*** und ***s'***.

7.6 Die Bildung des Imperfekts

Die Formen des Imperfekts sehen wie folgt aus:

regarder	
je	regard**ais**
tu	regard**ais**
il / elle / on	regard**ait**
nous	regard**ions**
vous	regard**iez**
ils / elles	regard**aient**

Das Imperfekt wird gebildet, indem man an den Stamm der 1. Person Plural Präsens der regelmäßig und unregelmäßig gebildeten Verben die Imperfektendungen ***-ais, -ais, ait, -ions, -iez*** und ***-aient*** anhängt.

Hier finden Sie eine schematische Darstellung der Bildung des Imperfekts:

Infinitiv	**1. Person Plural Präsens**	**Imperfekt**
parler	nous **parl** ons	je **parlais**
prendre	nous **pren** ons	tu **prenais**
aller	nous **all** ons	il **allait**
dormir	nous **dorm** ons	nous **dormions**
finir	nous **finiss** ons	vous **finissiez**
faire	nous **fais** ons	ils **faisaient**

Das Imperfekt ist eine lernerfreundliche Zeit, weil nur ***être*** unregelmäßig ist:

être	j'	étais	nous	étions
	tu	étais	vous	étiez
	il/elle/on	était	ils/elles	étaient

Die Verben, die auf ***-cer*** und ***-ger*** enden, weisen Besonderheiten bei der Schreibweise des Imperfekts auf:

commencer		**manger**	
je	commençais	je	mangeais
tu	commençais	tu	mangeais
il / elle / on	commençait	il / elle / on	mangeait
nous	commencions	nous	man g ions
vous	commenciez	vous	man g iez
ils / elles	commençaient	ils / elles	mangeaient

Damit die Aussprache des Stammes immer erhalten bleibt, wird bei den Verben:

– auf ***-cer*** bei *je, tu, il, elle, on, ils* und *elles* *-c-* zu *-ç-*.
– auf ***-ger*** bei *je, tu, il, elle, on, ils* und *elles* *-g-* zu *-ge-*.

7.7 Die Bildung des *Passé composé*

7.7.1 Die Formen des *Passé composé* mit *avoir* und *être*

Das *Passé composé* setzt sich aus einer Präsensform von ***avoir*** oder ***être*** und dem **Partizip Perfekt** des jeweiligen Verbs zusammen.

parler			arriver		
j'	**ai**	**parlé**	je	**suis**	**arrivé/arrivée**
tu	**as**	**parlé**	tu	**es**	**arrivé/arrivée**
il			il	**est**	**arrivé**
elle	**a**	**parlé**	elle	**est**	**arrivée**
on			on	**est**	**arrivé(s)/arrivée(s)**
nous	**avons**	**parlé**	nous	**sommes**	**arrivés/arrivées**
vous	**avez**	**parlé**	vous	**êtes**	**arrivés/arrivées**
ils	**ont**	**parlé**	ils	**sont**	**arrivés**
elles			elles	**sont**	**arrivées**

Bei der Bildung des *Passé composé* mit ***avoir*** bleibt das Partizip Perfekt in der Regel unveränderlich.
Wird das *Passé composé* jedoch mit ***être*** gebildet, so gleicht sich das Partizip Perfekt in Geschlecht und Zahl dem Subjekt des Satzes an.
Bezieht sich das Partizip Perfekt auf ein Subjekt, das aus unterschiedlichem Genus besteht, so richtet es sich nach dem Männlichen, z. B.:

Marc et Marie sont allé**s** à la piscine.

7.7.2 Die Bildung des *Passé composé* mit *avoir* oder *être*

Die Verwendung beim Perfekt von **haben** und **sein** verhält sich anders als im Deutschen, z.B.:

J'**ai** été à la piscine.	Ich **bin** im Schwimmbad gewesen.
J'**ai** beaucoup voyagé.	Ich **bin** viel gereist.

1. Die meisten Verben bilden das *Passé composé* mit ***avoir***.

   Hier, Pierre **a** préparé le repas. Puis, il **a** mangé.

2. Einige wenige Verben bilden das *Passé composé* mit ***être***:

   Dazu gehören einige Verben der Bewegungsrichtung oder des Verweilens, z.B. ***aller, arriver, entrer, partir, rester, rentrer, tomber, venir*** und ***revenir***.

   Hier, je **suis** allé(e) à Paris. Je **suis** arrivé(e) vers dix heures.

   Die Verben ***naître, devenir, mourir*** und ***décéder*** bilden das *Passé composé* mit ***être***.

   Il **est** né en 1960.

   Ebenso mit ***être*** wird das *Passé composé* sämtlicher **reflexiver Verben** gebildet.

   Elle s'**est** réveillée. Puis, elle s'**est** levée.

Aber aufgepasst! Wenn dem reflexiven Verb ein direktes Objekt folgt, so bleibt das Partizip Perfekt unverändert, z. B.:

Elle s'est lav**ée**. aber: Elle s'est lav**é** les mains.

3. Es gibt einige wenige Verben, die das *Passé composé* mit ***avoir*** und ***être*** bilden.

   Die Verben ***monter, descendre, sortir, entrer*** und ***rentrer*** bilden das *Passé composé*

– in der Regel mit ***être***:	Elle **est** descend**ue** du train.
– mit ***avoir***, wenn ihnen ein direktes Objekt folgt:	Elle **a** descend**u** la valise du train.

7.7.3 Besonderheiten beim Partizip Perfekt bei der Bildung des *Passé composé* mit *avoir*

In der Regel bleibt das Partizip Perfekt bei der Bildung des *Passé composé* mit ***avoir*** unverändert:

Nous avons **vu** Julie. Wir haben Julie gesehen.

Geht dem *Passé composé* jedoch ein **direktes Objekt** voraus, so wird das Partizip Perfekt in Geschlecht und Zahl dem direkten Objekt angeglichen.
Das direkte Objekt kann ein **direktes Objektpronomen**, z.B. ***me, te, le, la, nous, vous*** oder ***les***, sein. Es kann aber auch in Form des Relativpronomens **que** vorausgehen.

Est-ce que vous avez **vu Julie** ?	J'ai acheté **les livres**.
Oui, nous **l'**avons **vue**.	Je **les** ai **achetés**.
C'est **Julie que** nous avons **vue**.	Ce sont **les livres que** j'ai **achetés**.

7.8 Die Bildung des Plusquamperfekts

Das Plusquamperfekt setzt sich aus der Imperfektform von ***avoir*** oder ***être*** und dem **Partizip Perfekt** des jeweiligen Verbs zusammen.

lire			**rester**		
j'	**avais**	**lu**	j'	**étais**	**resté/restée**
tu	**avais**	**lu**	tu	**étais**	**resté/restée**
il / elle / on	**avait**	**lu**	il	**était**	**resté**
			elle	**était**	**restée**
			on	**était**	**resté(s)/restée(s)**
nous	**avions**	**lu**	nous	**étions**	**restés/restées**
vous	**aviez**	**lu**	vous	**étiez**	**restés/restées**
ils / elles	**avaient**	**lu**	ils	**étaient**	**restés**
			elles	**étaient**	**restées**

Bei der Bildung des Plusquamperfekts mit ***avoir*** bleibt das Partizip Perfekt in der Regel unveränderlich.
Wird das Plusquamperfekt jedoch mit ***être*** gebildet, so gleicht sich das Partizip Perfekt in Geschlecht und Zahl dem Subjekt des Satzes an. Bezieht sich das Partizip Perfekt auf ein Subjekt, das aus unterschiedlichem Genus besteht, so richtet es sich nach dem Männlichen, z.B.:

Marc et Marie étaient allé**s** à la piscine.

Wenn Sie die Bildung des *Passé composé* beherrschen, dann wissen Sie jetzt auch schon, wann das Plusquamprfekt mit ***avoir*** und wann mit ***être*** gebildet wird.
Die Regel ist nämlich dieselbe. Auch die Besonderheiten bei der Veränderlichkeit des Partizip Perfekts bei der Bildung mit ***avoir*** sind identisch. Ist das nicht fantastisch?
Le français, ce n'est pas trop difficile !

Den Gebrauch von ***avoir*** und ***être*** und die Regeln zur Veränderlichkeit von ***être*** und ***avoir*** entnehmen Sie bitte dem Kapitel 7.7, da die Bildung des Plusquamperfekts analog zur Bildung des Perfekts erfolgt.

7.9 Die Bildung des *Passé simple*

Das *Passé simple* existiert in der deutschen Sprache nicht.

Die regelmäßigen Formen des *Passé simple*

Person	parler	attendre	choisir	croire
je/j'	parlai	attendis	choisis	crus
tu	parlas	attendis	choisis	crus
il/elle/on	parla	attendit	choisit	crut
nous	parlâmes	attendîmes	choisîmes	crûmes
vous	parlâtes	attendîtes	choisîtes	crûtes
ils/elles	parlèrent	attendirent	choisirent	crurent

Die regelmäßigen Verben auf ***-er*** bilden das *Passé simple*, indem folgende Endungen an den Stamm des Infinitivs angehängt werden:

-ai, -as, -a, -âmes, -âtes, -èrent.

Die regelmäßigen Verben auf ***-re*** und ***-ir*** bilden das *Passé simple*, indem folgende Endungen an den Stamm des Infinitivs angehängt werden:

-is, -is, -it, -îmes, -îtes, -irent.

Einige meist unregelmäßige Verben, so z.B. Verben, die auf ***-oire*** oder ***-oir*** enden aber auch andere, haben folgende Endungen:

-us, -us, -ut, -ûmes, -ûtes, -urent.

Wichtige unregelmäßige Formen im *Passé simple*

1. Unregelmäßige Verben mit den Endungen auf ***-us, -ut*** usw.

avoir	j'	**eus**	tu	**eus**	il/elle/on	**eut**
	nous	**eûmes**	vous	**eûtes**	ils/elles	**eurent**
être	je	**fus**	tu	**fus**	il/elle/on	**fut**
	nous	**fûmes**	vous	**fûtes**	ils/elles	**furent**
boire	je	**bus**	tu	**bus**	il/elle/on	**but**
	nous	**bûmes**	vous	**bûtes**	ils/elles	**burent**
lire	je	**lus**	tu	**lus**	il/elle/on	**lut**
	nous	**lûmes**	vous	**lûtes**	ils/elles	**lurent**
pouvoir	je	**pus**	tu	**pus**	il/elle/on	**put**
	nous	**pûmes**	vous	**pûtes**	ils/elles	**purent**
recevoir	je	**reçus**	tu	**reçus**	il/elle/on	**reçut**
	nous	**reçûmes**	vous	**reçûtes**	ils/elles	**reçurent**
savoir	je	**sus**	tu	**sus**	il/elle/on	**sut**
	nous	**sûmes**	vous	**sûtes**	ils/elles	**surent**
vivre	je	vécus	tu	vécus	il/elle/on	vécut
	nous	vécûmes	vous	vécûtes	ils/elles	vécurent
vouloir	je	voulus	tu	voulus	il/elle/on	voulut
	nous	voulûmes	vous	voulûtes	ils/elles	voulurent

2. Unregelmäßige Verben mit den Endungen auf ***-is, -it*** usw.

dire	je	dis	tu	dis	il/elle/on	dit
	nous	dîmes	vous	dîtes	ils/elles	dirent
écrire	j'	écrivis	tu	écrivis	il/elle/on	écrivit
	nous	écrivîmes	vous	écrivîtes	ils/elles	écrivirent
faire	je	fis	tu	fis	il/elle/on	fit
	nous	fîmes	vous	fîtes	ils/elles	firent
mettre	je	mis	tu	mis	il/elle/on	mit
	nous	mîmes	vous	mîtes	ils/elles	mirent
prendre	je	pris	tu	pris	il/elle/on	prit
	nous	prîmes	vous	prîtes	ils/elles	prirent
voir	je	vis	tu	vis	il/elle/on	vit
	nous	vîmes	vous	vîtes	ils/elles	virent

3. Die unregelmäßigen Verben ***tenir*** und ***venir***

tenir	je	**tins**	tu	**tins**	il/elle/on	**tint**
	nous	**tînmes**	vous	**tîntes**	ils/elles	**tinrent**
venir	je	**vins**	tu	**vins**	il/elle/on	**vint**
	nous	**vînmes**	vous	**vîntes**	ils/elles	**vinrent**

7.10 Die Bildung des *Futur composé*

Die nahe Zukunft, das *Futur composé,* wird gebildet aus einer Präsensform von ***aller*** und dem **Infinitiv** des jeweiligen Verbs.

je	**vais**	**aller**
tu	**vas**	**chercher**
il / elle / on	**va**	**prendre**
nous	**allons**	**rester**
vous	**allez**	**boire**
ils / elles	**vont**	**faire**

Die Bildung der Formen des *Futur composé* ist der Bildung des deutschen Futurs sehr ähnlich.

7.11 Die Bildung des Futurs I

Das Futur I oder *Futur simple* wird im Französischen in einem Wort ausgedrückt, während man für die deutsche Zukunft zwei Wörter benötigt, wie das Beispiel zeigt:

Je **voyagerai**. Ich **werde reisen**.

Die regelmäßigen Formen

regarder		**attendre**		**écrire**	
je	regarder**ai**	j'	attendr**ai**	j'	écri**rai**
tu	regarde**ras**	tu	attend**ras**	tu	écri**ras**
il / elle / on	regarde**ra**	il / elle / on	attend**ra**	il / elle / on	écri**ra**
nous	regarde**rons**	nous	attend**rons**	nous	écri**rons**
vous	regarde**rez**	vous	attend**rez**	vous	écri**rez**
ils / elles	regarde**ront**	ils / elles	attend**ront**	ils / elles	écri**ront**

Die Futurendungen lauten:

-rai, -ras, -ra, -rons, -rez, -ront.

Kennen Sie schon die Präsensformen von ***avoir***?
Dann werden Ihnen die Futurendungen sehr bekannt vorkommen. Sie entsprechen den Präsensformen von ***avoir*** mit einem ***-r*** davor, außer bei *nous* und *vous*.

1. Bei den Verben auf ***-er*** wird das *Futur simple* gebildet, indem man an die **1. Person Singular Präsens** die Futurendungen anhängt:

Infinitiv	1. Person Singular Präsens	Futur simple
parl**er**	je **parle**	je **parlerai**
jet**er**	je **jette**	tu **jetteras**
achet**er**	j' **achète**	il **achètera**

Eine Ausnahme bilden die Verben auf ***-é...rer***.
Bei dieser Gruppe wird das *Futur simple* gebildet, indem man den Infinitiv ohne ***-r*** nimmt und die Futurendungen anhängt, z. B.:

espérer → tu **espére**ras.

2. Bei den Verben auf ***-re*** wird das *Futur simple* gebildet, indem man die Futurendungen direkt an den **Infinitivstamm** anhängt:

Infinitivstamm	Infinitivendung	Futur simple
prend	re	je **prendrai**
li	re	tu **liras**
boi	re	il **boira**

3. Bei den Verben auf ***-ir*** wird das *Futur simple* gebildet, indem man das **End-*r* des Infinitivs** entfernt und die **Futurendungen** anhängt:

Infinitiv	Infinitiv ohne *-r*	Futur simple
chois**ir**	**choisi**	je **choisirai**
part**ir**	**parti**	tu **partiras**
fin**ir**	**fini**	il **finira**

Die unregelmäßigen Formen

Bei den unregelmäßigen Formen verändern sich die Stämme des Verbs. Die regelmäßigen Futurendungen bleiben erhalten.

avoir	j'	**aurai**	pleuvoir	il	**pleuvra**
être	tu	**seras**	pouvoir	je	**pourrai**
aller	il	**ira**	recevoir	tu	**recevras**
courir	elle	**courra**	savoir	il	**saura**
devoir	nous	**devrons**	tenir	elle	**tiendra**
envoyer	vous	**enverrez**	valoir	il	**vaudra**
faire	ils	**feront**	venir	nous	**viendrons**
falloir	il	**faudra**	voir	vous	**verrez**
mourir	il	**mourra**	vouloir	ils	**voudront**

7.12 Die Bildung des Futurs II

Das Futur II ist eine zusammengesetzte Zeit, deren Bildung ähnlich erfolgt, wie die des *Passé composé* oder des Plusquamperfekts.

Das Futur II setzt sich aus der Futurform von ***avoir*** oder ***être*** und dem **Partizip Perfekt** des jeweiligen Verbs zusammen.

parler			**arriver**		
j'	**aurai**	**parlé**	je	**serai**	**arrivé/arrivée**
tu	**auras**	**parlé**	tu	**seras**	**arrivé/arrivée**
il			il	**sera**	**arrivé**
elle	**aura**	**parlé**	elle	**sera**	**arrivée**
on			on	**sera**	**arrivé(s)/arrivée(s)**
nous	**aurons**	**parlé**	nous	**serons**	**arrivés/arrivées**
vous	**aurez**	**parlé**	vous	**serez**	**arrivés/arrivées**
ils			ils	**seront**	**arrivés**
elles	**auront**	**parlé**	elles	**seront**	**arrivées**

Bei der Bildung des Futurs II mit ***avoir*** bleibt das Partizip Perfekt in der Regel unveränderlich.
Wird das Futur II mit ***être*** gebildet, so gleicht sich das Partizip Perfekt in Geschlecht und Zahl dem Subjekt an.
Bezieht sich das Partizip Perfekt auf ein Subjekt, das aus unterschiedlichem Genus besteht, so richtet es sich nach dem Männlichen.

Kapitel 7.7 informiert über den Gebrauch von ***avoir*** und ***être*** und die Veränderlichkeit des Partizip Perfekts.

7.13 Die Bildung des Konditionals I

Die regelmäßigen Formen

regarder	attendre	écrire
je regarde**rais**	j' attend**rais**	j' écri**rais**
tu regarde**rais**	tu attend**rais**	tu écri**rais**
il / elle / on regarde**rait**	il / elle / on attend**rait**	il / elle / on écri**rait**
nous regarde**rions**	nous attend**rions**	nous écri**rions**
vous regarde**riez**	vous attend**riez**	vous écri**riez**
ils / elles regarde**raient**	ils / elles attend**raient**	ils / elles écri**raient**

Wenn Sie die Imperfektendungen bereits beherrschen, bereitet Ihnen das Konditional keine Schwierigkeiten. Nehmen Sie einfach die Imperfektendungen und setzen Sie ein *-r* davor, dann haben Sie schon die Endungen des Konditionals.

Die Konditionalendungen lauten wie folgt:

-rais, -rais, -rait, -rions, -riez, -raient.

1. Bei den Verben auf *-er* wird das Konditional gebildet, indem man an die **1. Person Singular Präsens** die Konditionalendungen anhängt:

Infinitiv	1. Person Singular Präsens	Konditional
parl**er**	je **parle**	je **parlerais**
jet**er**	je **jette**	tu **jetterais**
achet**er**	j' **achète**	il **achèterait**

Eine Ausnahme bilden die Verben auf *-é...rer*.
Bei dieser Gruppe wird das Konditional gebildet, indem man den Infinitiv ohne *-r* nimmt und die Konditionalendungen anhängt, z. B.:

espérer tu **espére**rais.

2. Bei den Verben auf *-re* wird das Konditional gebildet, indem man die Endungen direkt an den **Infinitivstamm** anhängt:

Infinitivstamm	Infinitivendung	Konditional
prend	re	je **prendrais**
li	re	tu **lirais**
boi	re	il **boirait**

3. Bei den Verben auf *-ir* wird das Konditional gebildet, indem man das **End-*r* des Infinitivs** entfernt und die **Endungen** anhängt:

Infinitiv	Infinitiv ohne *-r*	Konditional
chois**ir**	**choisi**	je **choisirais**
part**ir**	**parti**	tu **partirais**
fin**ir**	**fini**	il **finirait**

Die unregelmäßigen Formen

Bei den unregelmäßigen Formen verändern sich die Stämme des Verbs. Die regelmäßigen Endungen des Konditionals bleiben erhalten.

avoir	j'	**aur**ais	pleuvoir	il	**pleuvr**ait
être	tu	**ser**ais	pouvoir	je	**pourr**ais
aller	il	**ir**ait	recevoir	tu	**recevr**ais
courir	elle	**courr**ait	savoir	il	**saur**ait
devoir	nous	**devr**ions	tenir	elle	**tiendr**ait
envoyer	vous	**enverr**iez	valoir	il	**vaudr**ait
faire	ils	**fer**aient	venir	nous	**viendr**ions
falloir	il	**faudr**ait	voir	vous	**verr**iez
mourir	il	**mourr**ait	vouloir	ils	**voudr**aient

7.14 Die Bildung des Konditionals II

Das Konditional II ist eine zusammengesetzte Zeit, deren Bildung ähnlich erfolgt, wie die des *Passé composé* oder des Plusquamperfekts.

Das Konditional II setzt sich aus der Konditionalform von ***avoir*** oder ***être*** und dem **Partizip Perfekt** des jeweiligen Verbs zusammen.

parler			**arriver**		
j'	**aurais**	**parlé**	je	**serais**	**arrivé/arrivée**
tu	**aurais**	**parlé**	tu	**serais**	**arrivé/arrivée**
il			il	**serait**	**arrivé**
elle	**aurait**	**parlé**	elle	**serait**	**arrivée**
on			on	**serait**	**arrivé(s)/arrivée(s)**
nous	**aurions**	**parlé**	nous	**serions**	**arrivés/arrivées**
vous	**auriez**	**parlé**	vous	**seriez**	**arrivés/arrivées**
ils	**auraient**	**parlé**	ils	**seraient**	**arrivés**
elles			elles	**seraient**	**arrivées**

Bei der Bildung des Konditionals II mit ***avoir*** bleibt das Partizip Perfekt in der Regel unveränderlich.
Wird das Konditional II jedoch mit ***être*** gebildet, so gleicht sich das Partizip Perfekt in Geschlecht und Zahl dem Subjekt des Satzes an.
Bezieht sich das Partizip Perfekt auf ein Subjekt, das aus unterschiedlichem Genus besteht, so richtet es sich nach dem Männlichen.

Den Gebrauch von ***avoir*** und ***être*** und die Regeln zu deren Veränderlichkeit entnehmen Sie bitte dem Kapitel 7.7, da die Bildung des Konditionals II analog zur Bildung des *Passé composé* erfolgt.

7.15 Die Bildung des Partizips Perfekt

Die regelmäßige Bildung des Partizip Perfekt

Das Partizip Perfekt der Verben

- auf *-er* wird gebildet, indem die Endung des Infinitivs, *-er,* durch *-é* ersetzt wird:
- auf *-ir* wird gebildet, indem die Endung des Infinitivs, *-ir,* durch *-i* ersetzt wird:
- auf *-re* wird gebildet, indem die Endung des Infinitivs, *-re,* durch *-u* ersetzt wird:

parl**er**	→ parl**é**
dorm**ir**	→ dorm**i**
chois**ir**	→ chois**i**
attend**re**	→ attend**u**

Die wichtigsten unregelmäßigen Partizipien

avoir	**eu**	être	**été**	prendre	**pris**
boire	**bu**	faire	**fait**	recevoir	**reçu**
conduire	**conduit**	falloir	**fallu**	résoudre	**résolu**
connaître	**connu**	lire	**lu**	rire	**ri**
courir	**couru**	mettre	**mis**	savoir	**su**
craindre	**craint**	mourir	**mort**	suivre	**suivi**
croire	**cru**	naître	**né**	valoir	**valu**
devoir	**dû**	ouvrir	**ouvert**	vivre	**vécu**
dire	**dit**	plaire	**plu**	voir	**vu**
écrire	**écrit**	pleuvoir	**plu**	vouloir	**voulu**

7.16 Die Bildung des Partizips Präsens

Das Partizip Präsens wird gebildet, indem man an die **1. Person Plural Präsens** die Endung *-ant* anhängt:

Infinitiv	1. Person Plural Präsens			Partizip Präsens
parler	nous	**parl**	ons	**parlant**
dormir	nous	**dorm**	ons	**dormant**
choisir	nous	**choisiss**	ons	**choisissant**
attendre	nous	**attend**	ons	**attendant**

Es gibt nur ganz wenige unregelmäßige Formen:

avoir	**ayant**
être	**étant**
savoir	**sachant**

7.17 Die Bildung des Gerundiums

Das Gerundium setzt sich aus der Präposition **en** und dem **Partizip Präsens** des jeweiligen Verbs zusammen.
Das Gerundium ist unveränderlich.

Infinitiv	Gerundium	Infinitiv	Gerundium
être	**en étant**	attendre	**en attendant**
avoir	**en ayant**	dormir	**en dormant**
regarder	**en regardant**	finir	**en finissant**

7.18 Die Bildung des Imperativs

Befehl/Aufforderung Infinitiv	Du-Form	Wir-Form	Sie-Form/ Ihr-Form
parler	parle	parlons	parlez
descendre	descends	descendons	descendez
dormir	dors	dormons	dormez
choisir	choisis	choisissons	choisissez
faire	fais	faisons	faites

Der Befehl bzw. die Aufforderung an eine Person wird in der **Du-Form** erteilt. Die Du-Form entspricht der **1. Person Singular Präsens** der Verben.

Die **Wir-Form** wird verwendet, wenn man einen Befehl an eine Gruppe erteilt, der man selbst angehört.
Die Wir-Form entspricht der **1. Person Plural Präsens.**

Der Befehl an eine Person, die man siezt, oder an mehrere Personen, die man duzt, wird in der **Sie-Form** bzw. **Ihr-Form** erteilt. Bei der Sie- bzw. Ihr- Form handelt es sich um ein und dieselbe Form, die der **2. Person Plural Präsens** entspricht.

Die Regel gilt für regelmäßige und unregelmäßige Verben im Präsens.

Der Imperativ verfügt nur über wenige unregelmäßige Formen, die wir hier für Sie aufgeschrieben haben.

Infinitiv	Du-Form	Wir-Form	Ihr-Form/Sie-Form
avoir	aie	ayons	ayez
être	sois	soyons	soyez
savoir	sache	sachons	sachez

7.19 Die Bildung des *Subjonctif*

Die *Subjonctif*-Endungen

Die Endungen des *Subjonctif* sind regelmäßig. Sie gelten für sämtliche regelmäßige und unregelmäßige Verben:

Il veut que j'	attend**e**.
Il veut que tu	attend**es**.
Il veut qu'il Il veut qu'elle Il veut qu'on	attend**e**.
Il veut que nous	attend**ions**.
Il veut que vous	attend**iez**.
Il veut qu'ils Il veut qu'elles	attend**ent**.

Die Endungen des *Subjonctif* lauten:

-e, -es, -e, -ions, -iez, -ent.

Haben Sie schon bemerkt, dass die *Subjonctif*-Endungen Ihnen gar nicht so fremd sind?
Die Endungen der **1. und 2. Person Plural** sind Ihnen vom **Imperfekt** her vertraut und die **restlichen Endungen** entsprechen dem **Präsens der Verben auf** ***-er***.
Ist das nicht wundervoll?

Die Ableitung des Subjonctif

Die meisten regelmäßigen und unregelmäßigen Verben werden vom Stamm der **3. Person Plural Präsens** abgeleitet:

Infinitiv	**3. Person Plural Präsens**			***Subjonctif***		
parler	ils	**parl**	ent	que je	**parl**	e
mettre	ils	**mett**	ent	que tu	**mett**	es
partir	ils	**part**	ent	qu'il	**part**	e
finir	ils	**finiss**	ent	qu'elle	**finiss**	e
dire	ils	**dis**	ent	qu'on	**dis**	e
connaître	ils	**connaiss**	ent	que nous	**connaiss**	ions
plaire	ils	**plais**	ent	que vous	**plais**	iez
vivre	ils	**viv**	ent	qu'ils	**viv**	ent
écrire	ils	**écriv**	ent	qu'elles	**écriv**	ent

Unregelmäßigkeiten im *Subjonctif*

1. Die Verben auf *-ayer, -oyer, -uyer, -é...rer* sowie **stamm- und endungsbetonte Verben auf *-er***, die orthographische Besonderheiten im Präsens aufweisen, zeigen diese Besonderheiten auch bei der 1. und 2. Person Plural des *Subjonctif*.

	payer	**nettoyer**	**essuyer**
que je/j'	paie	nettoie	essuie
que tu	paies	nettoies	essuies
qu'il / qu'elle / qu'on	paie	nettoie	essuie
que nous	payions	nettoyions	essuyions
que vous	payiez	nettoyiez	essuyiez
qu'ils / qu'elles	paient	nettoient	essuient

	acheter	**jeter**	**préférer**
que je/j'	achète	jette	préfère
que tu	achètes	jettes	préfères
qu'il / qu'elle / qu'on	achète	jette	préfère
que nous	achetions	jetions	préférions
que vous	achetiez	jetiez	préfériez
qu'ils / qu'elles	achètent	jettent	préfèrent

2. Verben auf ***-oir*** und einige Verben auf ***-re*** und ***-ir*** haben in der **1. und 2. Person Plural** einen anderen Stamm als in der **3. Person Plural**. Diese Verben behalten auch ihre **zwei Stämme im *Subjonctif***.

   Sämtliche *Subjonctif*-Formen, außer die der 1. und 2. Person Plural, werden von der 3. Person Plural Präsens abgeleitet.
   Die 1. und 2. Person Plural des *Subjonctif* richtet sich nach dem entsprechenden Präsensstamm.

   Zu dieser Verbgruppe gehören:
   acquérir, venir, tenir, mourir, décevoir, devoir, voir, croire, boire, recevoir.

prendre		
Indikativ	ils/elles **prennent**	nous **prenons** vous **prenez**
Subjonctif	que je **prenne** que tu **prennes** qu'il / qu'elle **prenne** qu'ils / qu'elles **prennent**	que nous **prenions** que vous **preniez**

Unregelmäßige *Subjonctif*-Formen

Es gibt einige Verben, die unregelmäßige *Subjonctif*-Formen bilden, die wir für Sie aufgelistet haben:

avoir	que j'	aie	que nous	ayons
	que tu	aies	que vous	ayez
	qu'il / qu'elle / qu'on	ait	qu'ils / qu'elles	aient
être	que je	sois	que nous	soyons
	que tu	sois	que vous	soyez
	qu'il / qu'elle / qu'on	soit	qu'ils / qu'elles	soient
aller	que j'	aille	que nous	allions
	que tu	ailles	que vous	alliez
	qu'il / qu'elle / qu'on	aille	qu'ils / qu'elles	aillent
faire	que je	fasse	que nous	fassions
	que tu	fasses	que vous	fassiez
	qu'il / qu'elle / qu'on	fasse	qu'ils / qu'elles	fassent
falloir	qu'il faille			
pleuvoir	qu'il pleuve			

pouvoir	que je	puisse	que nous	puissions
	que tu	puisses	que vous	puissiez
	qu'il / qu'elle / qu'on	puisse	qu'ils / qu'elles	puissent
savoir	que je	sache	que nous	sachions
	que tu	saches	que vous	sachiez
	qu'il / qu'elle / qu'on	sache	qu'ils / qu'elles	sachent
vouloir	que je	veuille	que nous	voulions
	que tu	veuilles	que vous	vouliez
	qu'il / qu'elle / qu'on	veuille	qu'ils / qu'elles	veuillent

7.20 Die Bildung des *Subjonctif Passé*

Der *Subjonctif passé* wird gebildet aus den jeweiligen *Subjonctif*-Formen von ***avoir*** oder ***être*** und dem **Partizip Perfekt** des jeweiligen Verbs.

		travailler		sortir	
Il faut	que j'/je	**aie**	**travaillé.**	**sois**	**sorti/sortie.**
	que tu	**aies**	**travaillé.**	**sois**	**sorti/sortie.**
	qu'il			**soit**	**sorti.**
	qu'elle	**ait**	**travaillé.**	**soit**	**sortie.**
	qu'on			**soit**	**sorti(s)/sortie(s).**
	que nous	**ayons**	**travaillé.**	**soyons**	**sortis/sorties.**
	que vous	**ayez**	**travaillé.**	**soyez**	**sortis/sorties.**
	qu'ils/qu'elles	**aient**	**travaillé.**	**soient**	**sortis/sorties.**

Den Gebrauch von ***avoir*** und ***être*** und die Regeln zu deren Veränderlichkeit entnehmen Sie bitte dem Kapitel 7.7, da die Bildung des *Subjonctif passé* analog zur Bildung des *Passé composé* erfolgt.

7.21 Die Bildung des Passivs

Die Passivformen im Präsens

Das Passiv im Präsens wird gebildet aus den Formen von ***être*** im Präsens und dem **Partizip Perfekt** des jeweiligen Verbs. Das Partizip Perfekt richtet sich dabei in Zahl und Geschlecht nach dem Subjekt des Satzes.

je	**suis**	**interrogé/interrogée**
tu	**es**	**interrogé/interrogée**
il	**est**	**interrogé**
elle	**est**	**interrogée**
on	**est**	**interrogé(s)/interrogée(s)**
nous	**sommes**	**interrogés/intérrogées**
vous	**êtes**	**interrogés/interrogées**
ils	**sont**	**interrogés**
elles	**sont**	**interrogées**

Das Passiv in anderen Zeiten und Modi

Das Passiv kann in verschiedene Zeiten und Modi gesetzt werden.

Il	**a été**	interrogé.	*Passé composé*
Il	**était**	interrogé.	Imperfekt
Il	**fut**	interrogé.	*Passé simple*
Il	**sera**	interrogé.	Futur I
Il	**serait**	intérrogé.	Konditional I
Il faut qu'il	**soit**	interrogé.	*Subjonctif*

Das Passiv wird in verschiedenen Zeiten und Modi gebildet, indem man ***être*** in die entsprechende **Zeit** bzw. den jeweiligen **Modus** setzt und das **Partizip Perfekt** des jeweiligen Verbs hinzufügt.

Die Nennung des Urhebers im Passiv

Der **Urheber** der Handlung wird einfach mit der Präposition ***par*** als präpositionale Ergänzung angeschlossen:

Il sera interrogé **par** la police.	*Er wird von der Polizei verhört.*

8 *L'emploi des temps et des modes* – Der Gebrauch der Zeiten und Modi

8.1 Die wichtigsten Zeiten in der Übersicht

Vergangenheit		Gegenwart	Zukunft	
Plusquam- perfekt	*Passé composé* *Passé simple* Imperfekt	Präsens	Futur II	*Futur composé* Futur I

8.2 Der Gebrauch des Präsens

Das Präsens wird benutzt um

– **Vorgänge** oder **Zustände** in der Gegenwart auszudrücken:	Il **fait** les courses. Il **a** beaucoup d'argent.
– **Wiederholungen** und **Gewohnheiten** zu bezeichnen:	Tous les jours, je **me lève** à 6 heures. Il ne **prend** jamais de petit-déjeuner.
– **allgemeingültige Dinge** zu beschreiben:	Paris **est** la capitale de la France.

8.3 Der Gebrauch des Imperfekts

Das Imperfekt wird benutzt um

– **Beschreibungen** in der Vergangenheit zu geben:	Le restaurant **était** bon marché. Il **pleuvait** toute la journée.
– **Zustände** in der Vergangenheit zu beschreiben:	Autrefois, on n'**avait** pas de voitures.
– **gewohnheitsmäßige Handlungen** in der Vergangenheit auszudrücken:	Quand j'**étais** petite, je **jouais** dans le jardin.

Wenn Sie die **Begleitumstände, Hintergrundinformationen, Kommentare** oder **Erklärungen** eines Geschehens zum Ausdruck bringen möchten, so ist das Imperfekt angesagt.

8.4 Der Gebrauch des *Passé composé*

Das *Passé composé* wird benutzt um

- **einmalige Handlungen** und **Ereignisse** in der Vergangenheit zu erzählen:

  Hier, je **suis allé** au cinéma.
  Je **suis née** le 10 mars 1962.

- **aufeinander folgende Handlungen**, sogenannte **Handlungsketten**, in der Vergangenheit zu erzählen:

  La semaine dernière, Pierre **est allé** à Strasbourg. Il **a fait** des courses. Vers 20 heures, il **est rentré**.

Wenn Sie die **eigentliche Handlung** bzw. die **Ereignisse** ausdrücken möchten, die im **Vordergrund** stehen, so benützen Sie einfach das *Passé composé.*

8.5 Der Gebrauch des Plusquamperfekts

Der Gebrauch des Plusquamperfekts ist für Deutsche kinderleicht, da das Plusquamperfekt wie im Deutschen gebraucht wird.

Das Plusquamperfekt wird benutzt um ein Ereignis oder einen Zustand zu bezeichnen, der **vor einem anderen Geschehen oder Zustand** in der Vergangenheit bereits abgeschlossen war:

Il voulait rendre visite à Christine, mais elle **était** déjà **partie**.

Die folgende Grafik veranschaulicht die Regel:

Vorvergangenheit	Vergangenheit	Gegenwart
-----------Plusquamperfekt-----------	Imperfekt----------- *Passé composé* *Passé simple*	Präsens------→

8.6 Der Gebrauch des *Passé simple*

Im Deutschen existiert das *Passé simple* nicht, deswegen ist der Gebrauch dieser Zeit für Deutsche schwierig. Aber das ist halb so schlimm, da das *Passé simple* im modernen Französisch der Gegenwart immer seltener benutzt wird.

Das *Passé simple* wird fast nur in der geschriebenen Sprache gebraucht. Es kommt hauptsächlich vor

- in literarischen Texten, z. B. Romanen, Märchen, Erzählungen;
- in historischen Texten, z. B. Geschichtsbüchern, Biographien;
- in Zeitungsartikeln.

Das *Passé simple* hat eine ähnliche Funktion wie das *Passé composé*. Es wird verwendet um

- **einmalige Handlungen** und **Ereignisse** in der Vergangenheit zu erzählen:
- **aufeinander folgende Handlungen**, sogenannte **Handlungsketten**, in der Vergangenheit zu erzählen:

Napoléon **naquit** en 1769.
Il **devint** empereur en 1804.

Elle **alla** au bar. Là, elle **but** un café crème.

Da das *Passé simple* in der gesprochenen Sprache fast nicht mehr verwendet wird, reicht es, wenn Sie seine Formen wiedererkennen und passiv verstehen können.

8.7 Der Gebrauch des *Futur composé*

Das *Futur composé* wird verwendet um **Handlungen in der Zukunft** bzw. **nahen Zukunft** zum Ausdruck zu bringen:

– Qu'est-ce que tu **vas faire** maintenant ?	– *Was wirst du jetzt machen?*
= Je **vais me coucher.**	= *Ich werde mich hinlegen.*

Wenn Sie sich in Frankreich über zukünftige Ereignisse oder Geschehnisse unterhalten wollen, so ist das *Futur composé* eigentlich unumgänglich.

8.8 Der Gebrauch des Futurs I

Das Futur steht

- um **künftige Ereignisse** auszudrücken:
- im **Hauptsatz eines realen Bedingungssatzes.**

Demain, je **lirai** un livre.
J'espère que tu **viendras** demain.

Si tu réussis au bac, tu **feras** des études.

In der Regel wird das Futur in der geschriebenen Sprache verwendet. In der gesprochenen Sprache begegnet man meist dem *Futur composé.*

8.9 Der Gebrauch des Futurs II

Das Futur II wird verwendet um eine Handlung in der Zukunft auszudrücken, die bereits vor einem anderen zukünftigen Ereignis abgeschlossen ist:

Demain je me reposerai quand j'**aurai terminé** mon travail.	*Morgen werde ich mich ausruhen, wenn ich meine Arbeit erledigt haben werde.*

8.10 Der Gebrauch des Konditionals I

Das Konditional I steht

– bei **Ratschlägen:**	A ta place, j'**achèterais** une voiture.
– bei **Wünschen:**	Il **aimerait** avoir un chien.
– bei **Bitten:**	**Pourriez**-vous m'aider ?
– bei **Möglichkeiten:**	On **pourrait** faire une excursion.
– bei **Vermutungen:**	Gavarnie **serait** à 100 kilomètres d'ici.
– im **Hauptsatz eines irrealen Bedingungssatzes:**	Si j'étais riche, je ne **travaillerais** pas.

Im Deutschen steht im Gegensatz zum Französischen bei irrealen Bedingungssätzen sowohl im Hauptsatz als auch im Nebensatz das Konditional.

8.11 Der Gebrauch des Konditionals II

Das Konditional II steht im **Hauptsatz eines irrealen Bedingungssatzes in der Vergangenheit:**

Si j'avais été riche, j'**aurais fait** le tour du monde.
Wenn ich reich gewesen wäre, hätte ich eine Weltreise gemacht.

8.12 Der Gebrauch des Partizips Präsens

Das Partizip Präsens wird hauptsächlich in der Schriftsprache verwendet.
Es wird anstelle eines

– **Relativsatzes mit qui** verwendet:

Elle regarde un film **racontant** la vie d'un étudiant.	Partizip Präsens
Elle regarde un film **qui raconte** la vie d'un étudiant.	Relativsatz

– **Kausalsatzes** benutzt:

Partant tôt, nous sommes arrivés à l'heure.	Partizip Präsens
Comme nous sommes partis tôt, nous sommes arrivés à l'heure.	Kausalsatz

8.13 Der Gebrauch des Gerundiums

Das Deutsche kennt das Gerundium nicht, deswegen stellt das Gerundium für Deutsche eine kleine Herausforderung dar.

Das Gerundium wird sowohl in der gesprochenen als auch in der geschriebenen Sprache verwendet um Sätze zu verkürzen.
Es kann einem zweiten Hauptsatz oder einem Nebensatz entsprechen.

Denken Sie daran, dass ein Gerundium einen Nebensatz nur dann ersetzen kann, wenn der Neben- und der Hauptsatz **dasselbe Subjekt** haben.

Das Gerundium kann anstelle eines **Temporalsatzes** die Gleichzeitigkeit zweier Ereignisse/Geschehnisse zum Ausdruck bringen:

Gerundium:	**En travaillant**, il pense au congé.
Temporalsatz:	**Pendant qu'il travaille**, il pense au congé.

Das Gerundium kann für einen **Bedingungssatz** stehen:

Gerundium:	**En regardant** la télé, il ne pourra pas lire de livre.
Bedingungssatz:	**S'il regarde** la télé, il ne pourra pas lire de livre.
Gerundium:	**En regardant** la télé, il ne pourrait pas lire de livre.
Bedingungssatz:	**S'il regardait** la télé, il ne pourrait pas lire de livre.

Das Gerundium kann für einen **Modalsatz** stehen, der die Art und Weise ausdrückt:

Elle a gagné beaucoup de l'argent **en travaillant** comme mannequin.

8.14 Der Gebrauch des *Subjonctif*

Der französische *Subjonctif* darf nicht mit dem deutschen Konjunktiv in Bezug auf seinen Gebrauch gleichgesetzt werden.

1. Der *Subjonctif* steht nach Verben des **Wünschens, Verlangens, Wollens** und **Verbietens** im Nebensatz, der durch ***que*** eingeleitet wird, z. B.:

Je **veux que** tu **ailles** à l'école.	Ich will, dass du in die Schule gehst.

Verben, die zu dieser Gruppe gehören, sind u. a.:

aimer mieux que	*lieber mögen*	interdire que	*verbieten*
aimer que	*mögen*	ordonner que	*befehlen*
attendre que	*(er)warten*	permettre que	*erlauben, gestatten*
avoir envie que	*gern wollen, Lust haben*	préférer que	*vorziehen*
demander que	*verlangen*	souhaiter que	*wünschen*
désirer que	*wünschen*	vouloir que	*wollen*
exiger que	*fordern*		

2. Der *Subjonctif* steht nach Verben des **Vorschlagens, Zustimmens, Ablehnens** und **Verhinderns** im Nebensatz, der durch ***que*** eingeleitet wird, z. B.:

Il **propose qu**'ils **fassent** une excursion.	Er schägt vor, dass sie einen Ausflug machen.

Verben, die zu dieser Gruppe gehören, sind u. a.:

accepter que	*akzeptieren*	refuser que	*ablehnen*
approuver que	*billigen*	souffrir que	*ertragen*
désapprouver que	*missbilligen*	supporter que	*ertragen*
empêcher que	*verhindern*	tolérer que	*ertragen, dulden*
éviter que	*vermeiden*	vouloir bien que	*einverstanden sein*
proposer que	*vorschlagen*		
recommander que	*empfehlen*		

3. Der *Subjonctif* steht nach Verben und Ausdrücken des **subjektiven Empfindens** und der **wertenden Stellungnahme** im Nebensatz, der durch ***que*** angeschlossen wird.

Der *que*-Satz ist in diesem Fall nur möglich, wenn der einleitende Satz und der *que*-Satz **verschiedene Subjekte** haben:

Je **regrette que** mon chef ne **puisse** pas venir.	Ich bedauere, dass mein Chef nicht kommen kann.

Verben, die zu dieser Gruppe gehören, sind u. a.:

admirer que	*bewundern*	craindre que	*fürchten*
adorer que	*furchtbar gerne mögen*	critiquer que	*kritisieren*
aimer que	*(es) gern haben*	déplorer que	*bedauern, beklagen*
apprécier que	*(es) zu schätzen wissen*	détester que	*verabscheuen*
avoir honte que	*sich schämen*	regretter que	*bedauern*
avoir peur que	*Angst haben*	s'étonner que	*sich wundern, staunen*
(ne pas) comprendre que	*(nicht) verstehen können*	s'indigner que	*sich entrüsten*
		se réjouir que	*sich freuen*

Aber aufgepasst! Nach ***espérer que*** (hoffen) steht der **Indikativ** und nach ***se plaindre que*** (sich beklagen) kann der ***Subjonctif*** oder der **Indikativ** stehen.

4. Auch nach Ausdrücken mit ***être*** oder ***trouver*** **+ Adjektiv**, die das **subjektive Empfinden** oder die **wertende Stellungnahme** zum Ausdruck bringen, steht ebenfalls der *Subjonctiv* im Nebensatz, der durch ***que*** eingeleitet wird, z. B.:

Il est important que vous **fassiez** vos devoirs. Es ist wichtig, dass ihr eure Hausaufgaben macht.

Ausdrücke, die zu dieser Gruppe gehören, sind u. a.:

être content que	*zufrieden sein*	trouver bizarre que	*komisch finden*
être déçu que	*enttäuscht sein*	trouver bon que	*gut finden*
être désolé que	*untröstlich sein*	trouver curieux que	*seltsam finden*
être étonné que	*verwundert sein*	trouver important que	*wichtig finden*
être heureux que	*glücklich sein*	trouver mauvais que	*schlecht finden*
être satisfait que	*zufrieden sein*		
être surpris que	*überrascht sein*		
être triste que	*traurig sein*		

5. Der *Subjonctif* steht nach **unpersönlichen Verben** und **unpersönlichen Ausdrücken**, z. B.:

Il est bon que tu **viennes**. Es ist gut, dass du kommst.

Dazu gehören u. a.:

il est	bizarre que	*es ist seltsam*
il est	bon que	*es ist gut*
il est	important que	*es ist wichtig*
il est	mauvais que	*es ist schlecht*
il est	nécessaire que	*es ist notwendig*
il est	normal que	*es ist normal*
il est	temps que	*es ist Zeit*
il est	utile que	*es ist nützlich*
cela	m'amuse que	*es amüsiert mich*
cela	me gêne que	*es stört mich*
cela	m'inquiète que	*es beunruhigt mich*
cela	me plaît que	*es gefällt mir*
cela	me surprend que	*es überrascht mich*
il	convient que	*es ist angebracht*
il	faut que	*es ist nötig/man muss*
il	importe que	*es ist wichtig*
il	suffit que	*es genügt*
il	vaut mieux que	*es ist besser*

6. Der *Subjonctif* steht **in der Regel** nach Ausdrücken und Verben des **Meinens** und **Denkens**, die **verneint** sind und im Nebensatz mit ***que*** angeschlossen sind:

Je **ne crois pas qu**'ils **sachent** faire de la voile.	Ich glaube nicht, dass sie segeln können.

Zu dieser Gruppe gehören u. a.:

ne pas croire que	*nicht glauben*
ne pas espérer que	*nicht hoffen*
ne pas estimer que	*nicht meinen*
ne pas s'imaginer que	*sich nicht vorstellen*
ne pas penser que	*nicht denken*
ne pas se rappeler que	*sich nicht erinnern*
ne pas trouver que	*nicht finden*

7. Der *Subjonctif* steht **in der Regel** nach Ausdrücken und Verben des **Bezweifelns**, die im Nebensatz mit ***que*** angeschlossen sind:

Personne ne **doute que** le chômage **soit** un grand problème.	Niemand bezweifelt, dass die Arbeitslosigkeit ein großes Problem ist.

Zu dieser Gruppe gehören u. a.:

douter que	*bezweifeln*
contester que	*bestreiten*
nier que	*verneinen*

8. Der *Subjonctif* steht nach Ausdrücken und Verben des **Sagens** und **Erklärens**, die **verneint** und im Nebensatz mit ***que*** angeschlossen sind:

Il **ne dit pas** qu'elle **sache** nager.	Er sagt nicht, dass sie schwimmen kann.

Zu dieser Gruppe gehören u. a.:

affirmer que	*behaupten, versichern*	déclarer que	*erklären*
		dire que	*sagen, behaupten*
assurer que	*versichern*	jurer que	*schwören*
avouer que	*gestehen*	prétendre que	*vorgeben*
constater que	*feststellen*	soutenir que	*behaupten*

Wenn Sie ***promettre que*** (versprechen) benutzen, ist alles ganz einfach! Verwenden Sie immer den **Indikativ**, denn der ist einfach und immer richtig.

9. Der *Subjonctif* steht in einem **Relativsatz**, wenn etwas als **wünschenswert** oder **hypothetisch** erachtet wird. Handelt es sich hingegen um eine **Tatsache**, so steht der **Indikativ**:

	Il cherche une maison **qui soit** bon marché.	Wunsch
Aber:	Il a une maison **qui est** bon marché.	Tatsache

10. Der *Subjonctif* steht nach einigen **Konjuktionen**, z. B:

Marc a acheté du pain **sans que** sa mère le **sache**.
Marc aide sa mère **pour qu'**elle **soit** heureuse.

Zu den *Subjonctif* auslösenden Konjuktionen gehören u. a.:

à condition que	*unter der Bedingung, dass*
afin que	*damit*
avant que ... (ne)	*bevor*
bien que	*obwohl, obgleich*
de peur que ... (ne)	*damit nicht*
de crainte que ... (ne)	*damit nicht*
jusqu'à ce que	*solange bis*
malgré que	*obwohl, obgleich*
pour que	*damit*
pourvu que	*vorausgesetzt, dass*
quoique	*obwohl, obgleich*
sans que	*ohne dass*
supposé que	*angenommen, dass*

9 *Les types de phrases* – Satzarten

9.1 Der Aussagesatz

Der Aussagesatz hat folgende Struktur:

Adverbiale Bestimmung Zeit Ort	Subjekt	Prädikat	direktes Objekt	indirektes Objekt	Adverbiale Bestimmung Zeit Ort
	J'	achète	un livre.		
	Je	donne	un livre	à Jean.	
Hier,	j'	ai donné	un livre	à Jean.	
Hier, à l'école,	j'	ai donné	un livre	à Jean.	
	Il	habite			en France.

9.2 Der Fragesatz

9.2.1 Die Intonationsfrage

Das Deutsche kennt die Intonationsfrage nicht.
Die Intonationsfrage wird im gesprochenen Französisch als Gesamtfrage häufig benutzt und ist ganz einfach.

Die Intonationsfrage behält die Stellung der Satzglieder des Aussagesatzes bei, wird aber wie im Deutschen mit steigender Intonation gesprochen, z. B.:

Luc va au bureau ?   Geht Luc ins Büro?

9.2.2 Die Frage mit *est-ce que* als Gesamtfrage

Die Gesamtfrage, auch Entscheidungsfrage genannt, bezieht sich auf den ganzen Satz und enthält kein Fragepronomen.

Die Frage mit ***est-ce que*** existiert im Deutschen nicht.

Die Frage mit ***est-ce que*** ist ganz einfach. Sie wird gebildet, indem man ***est-ce que*** vor den Aussagesatz setzt.
Die Stellung der einzelnen Satzglieder im Aussagesatz bleibt dabei unverändert.
Vor Vokal und stummem h wird ***est-ce que*** zu ***est-ce qu'***.

Est-ce que	Aussagesatz	
Est-ce que	tu vas au bureau ?	*Gehst du ins Büro?*
Est-ce qu'	on va au cinéma ce soir ?	*Gehen wir heute Abend ins Kino?*

9.2.3 Die Frage mit Fragepronomen

Die Fragepronomen

Im Französischen findet man u.a. folgende Fragepronomen:

à quelle heure	*um wie viel Uhr*
à qui	*wen, wem*
à quoi	*woran, wofür*
combien	*wie viel*
combien de temps	*wie lange*
comment	*wie*
d'où	*woher*
de qui	*von wem*
de quoi	*wovon*
depuis quand	*seit wann*
où	*wo, wohin*
pourquoi	*warum*
quand	*wann*
que	*was*
quel(s), quelle(s)	*welcher, welche, welches*
qui	*wer*

Die Frage mit *est-ce que* + Fragepronomen

Legen Sie Ihr besonderes Augenmerk auf die Frage mit ***est-ce que***, da sie immer gebräuchlich und richtig ist.

Werden Fragen mit Fragepronomen mit ***est-ce que*** gebildet, dann herrscht das folgende Schema vor:

Fragewort	est-ce que	Subjekt	Prädikat	Objekte	Adverbiale Bestim-mungen
Quand	**est-ce que**	tu	ranges	ta chambre ?	
Où	**est-ce que**	tu	as trouvé	ton sac ?	
Pourquoi	**est-ce que**	vous	étudiez	le français ?	
Qu'	**est-ce qu'**	il	fait		demain ?

Aufgepasst! Vor Vokal und stummem h wird ***que*** zu ***qu'***, deshalb wird ***est-ce que*** zu ***est-ce qu'***.

Bei Ergänzungsfragen mit ***est-ce que*** steht zunächst das Fragepronomen und direkt danach folgt ***est-ce que/est-ce qu'***. Im Anschluss daran folgen die restlichen Satzglieder.

Bei diesen Fragen mit Fragepronomen entspricht die Wortstellung in der französischen Sprache nicht der deutschen Sprache, da im Deutschen

1. die **Entsprechung** für ***est-ce que*** fehlt,
2. das **Subjekt hinter** dem **Verb** steht.

Zum Beispiel:

Quand **est-ce que tu as** rendez-vous ?	Wann **bist du** verabredet?

Die Frage mit nachgestelltem Fragepronomen

Im Gegensatz zum Deutschen kann das Fragepronomen in der französischen Umgangssprache auch nachgestellt werden, z. B.:

Tu habites **où** ?   Wo wohnst du?

Die Bildung der Frage mit nachgestelltem Fragepronomen ist ein Kinderspiel, da man an den Aussagesatz einfach das entsprechende **Fragepronomen anhängt**. Die Stellung der Satzglieder im Aussagesatz bleibt dabei erhalten.

Aussagesatz	Fragepronomen
Tu t'appelles	**comment ?**
Tu pars	**quand ?**
Tu arrives	**d'où ?**

9.2.4 Die Frage mit *qui*

Die Frage nach dem Subjekt

Bei Fragen mit ***qui*** nach dem Subjekt können Sie sich das Leben erleichtern, denn die Frage mit ***qui*** kann immer **ohne *est-ce qui*** gebildet werden, z. B.:

Qui habite à Paris ?   Wer wohnt in Paris?

Anstelle von ***qui*** können Sie auch ***qui est-ce qui*** verwenden, wenn Sie nach dem **Subjekt** fragen möchten:

Qui est-ce qui habite à Paris ?   Wer wohnt in Paris?

Die Frage nach dem Objekt

Merken Sie sich einfach: Wird ***qui*** mit einer **Präposition** verbunden, dann kommen Sie um ***est-ce que*** nicht herum, z. B.:

A qui est-ce que tu donnes le livre ?   Wem gibst du das Buch?

Die Frage

- nach dem direkten Objekt erfolgt mit ***qui est-ce que:***
- nach dem indirekten Objekt, erfolgt mit ***à qui est-ce que:***

Qui est-ce que vous cherchez ?	
A qui est-ce que tu penses ?	

9.2.5 Die Frage mit *que*

Die Frage nach dem Objekt

Kurze Fragen mit ***que*** können Sie wie im Deutschen bilden, z. B.:

Que fait Paul ? Was macht Paul?

Mit ***que*** fragen Sie nach Sachen. Wenn Sie nach dem direkten Objekt fragen, dann verwenden Sie ***que*** oder ***qu'est-ce que:***

Qu'est-ce que tu cherches ? Was suchst du?
Que cherches-tu ? Was suchst du?

Aber aufgepasst! Bei der Frage nach dem indirekten Objekt wird ***à quoi*** verwendet, z. B.:

A quoi est-ce qu'il pense ? Woran denkt er?

9.2.6 Die Inversionsfrage

Die Inversionsfrage ist dem Deutschen recht ähnlich. Sie wird allerdings im gesprochenen Französisch nicht sehr häufig verwendet. Man trifft sie hauptsächlich in schriftlich fixierten Texten an, z. B. in Briefen usw.

Die Inversionsfrage mit und ohne Fragewort wird wie folgt gebildet:

Fragewort	Verb + Subjektpronomen	Ergänzungen
Quand	**pars-tu**	en vacances ?
Comment	**vas-tu**	en vacances ?
Comment	**va-t-il ?**	
Où	**habite-t-elle ?**	
	Veux-tu	prendre le train ?

Bei der Inversionsfrage steht das **Subjektpronomen hinter dem Verb**. Zwischen Verb und Subjekt wird ein **Bindestrich** eingefügt.
In der 3. Person Singular bei ***il, elle*** oder ***on*** tritt zwischen Verb und Subjektpronomen ein *-t-*, wenn die Verbform auf *-e* oder *-a* endet.
Die **Fragewörter** stehen bei Inversionsfragen **vor dem Verb**.

Wenn der Satzgegenstand aus einem **Substantiv** besteht, wird die Sache komplizierter, denn ein Substantiv kann nicht hinter dem Verb stehen. Aus diesem Grund lautet die Frage wie folgt:

Jean veut-**il** aller à Paris ? Will Jean nach Paris fahren?

Wenn man die Inversionsfrage bilden möchte und ein **Substantiv** Satzgegenstand ist, so bleibt der Aussagesatz erhalten und **an das Verb wird das entsprechende Subjektpronomen** mit Hilfe eines Bindestrichs angehängt.

Annie habite-**t-elle** à Paris ?	Wohnt Annie in Paris?
Monsieur Leroc connaît-**il** la France ?	Kennt Herr Leroc Frankreich?

Falls Ihnen das zu kompliziert ist, können Sie jederzeit die **Frage mit *est-ce que*** benutzen.

9.3 Der Relativsatz

9.3.1 Der Relativsatz mit *qui*

Das Relativpronomen ***qui*** leitet einen Relativsatz ein, bei dem ***qui*** gleichzeitig **Subjekt** des Relativsatzes ist.

Qui ist unveränderlich und kann sich im Singular und Plural

– auf Personen beziehen:	J'ai	**une amie**	**qui**	m'aide toujours.
– auf Sachen beziehen:	J'ai reçu	**un livre**	**qui**	me plaît beaucoup.

Abweichend vom Deutschen wird im Französischen nicht zwischen **der, die** und **das** unterschieden.

Benutzen Sie immer ***qui***, wenn ein Verb oder ein Objektpronomen mit Verb dem **Relativpronomen** folgt.

9.3.2 Der Relativsatz mit *que*

Das Relativpronomen ***que*** leitet einen Relativsatz ein, bei dem ***que*** gleichzeitig **direktes Objekt** des Relativsatzes ist.

Que, das sich vor Vokal und stummem h in ***qu'*** verwandelt, kann sich im Singular und Plural

– auf Personen beziehen:	J'ai	**une amie**	**que**	j'aime beaucoup.
– auf Sachen beziehen:	J'ai reçu	**un livre**	**que**	j'aime beaucoup.

Auch hier wird abweichend vom Deutschen nicht zwischen **der**, **die** und **das** unterschieden.

Machen Sie sich das Leben leicht und benutzen Sie ***que***, wenn dem Relativpronomen ein **Subjekt** folgt.

9.3.3 Der Relativsatz mit *dont*

Das Relativpronomen ***dont*** vertritt **Ergänzungen mit *de*** in einem Relativsatz.

Dont bezieht sich im Singular und Plural

– auf Personen:

Monsieur Leroc	**dont**	le père est chef d'une entreprise est très sympathique.
C'est Paul	**dont**	Marie est amoureuse.

– auf Sachen:

Il cherche la maison	**dont**	il a besoin.
C'est la ville	**dont**	j'ai beaucoup parlé.

9.3.4 Der Relativsatz mit *lequel, laquelle, lesquels, lesquelles*

Die Formen von *lequel*

Je nachdem, ob ***lequel*** männlich, weiblich, im Singular oder im Plural steht, weist es unterschiedliche Formen auf.

	männlich	weiblich
Singular	**lequel**	**laquelle**
Plural	**lesquels**	**lesquelles**

Der Gebrauch von *lequel* im Relativsatz

Die Relativpronomen ***lequel, laquelle, lesquels*** und ***lesquelles*** vertreten in der Regel in einem Relativsatz **Sachen** oder **Personen**, die nach

– Präpositionen stehen:

C'était un hiver	**pendant**	**lequel**	il neigeait.
C'était la raison	**pour**	**laquelle**	il y avait beaucoup d'accidents.
Nous avons vu des blessés	**parmi**	**lesquels**	se trouvait mon père.
Les personnes	**pour**	**lesquelles**	je travaille sont gentilles.

– präpositionalen Ausdrücken stehen:

Il a une maison	**à côté de**	**laquelle**	se trouve la gare.

Folgt ***lequel, laquelle, lesquels*** oder ***lesquelles*** der Präposition ***à,*** so entstehen folgende neue Verbindungen, z. B.:

Les livres **auxquels** je m'intéresse sont bon marché.

à	+	lequel	=	**auquel**
à	+	laquelle	=	**à laquelle**
à	+	lesquels	=	**auxquels**
à	+	lesquelles	=	**auxquelles**

Folgt ***lequel, laquelle, lesquels*** oder ***lesquelles*** der Präposition ***de***, so entstehen folgende neue Verbindungen, z. B.:

Le village près **duquel** se trouve l'autoroute a beaucoup d'hôtels.

de	+	lequel	=	**duquel**
de	+	laquelle	=	**de laquelle**
de	+	lesquels	=	**desquels**
de	+	lesquelles	=	**desquelles**

Die Formen ***duquel, de laquelle*** usw. finden nur dann Verwendung, wenn ihnen eine **Präposition**, z. B. *près de,* vorausgeht.
Einfache **Ergänzungen mit *de*** werden im Relativsatz durch ***dont*** vertreten, z. B.:

Les habitants **de ce village** sont surtout des paysans.

Le village, **dont** les habitants sont surtout des paysans, se trouve près d' Avignon.

Il habite **près d'une ville.**

Voilà la ville **près de laquelle** il habite.

9.3.5 Der Relativsatz mit *où*

Das Relativpronomen ***où*** vertritt **Ortsbestimmungen** im Relativsatz.

Montpellier est la ville **où** Jean fait ses études.

9.3.6 Der Relativsatz mit *ce qui, ce que*

Die Relativpronomen ***ce qui*** und ***ce que***, die kein direktes Bezugswort haben, benutzt man um das deutsche **„was"** zum Ausdruck zu bringen.

Ce qui ist Subjekt:	Je sais bien	**ce qui**	m'intéresse.
Ce que ist Objekt:	Je sais bien	**ce que**	Julien a dit.

Die Sache ist ganz einfach!
Folgt **ein** Subjekt, dann verwenden Sie ***ce que.***
Folgt hingegen **kein** Subjekt, benutzen Sie ***ce qui.***

9.4 Der Bedingungssatz

9.4.1 Der reale Bedingungssatz

Der Gebrauch des realen Bedingungssatzes

Der reale Bedingungssatz wird verwendet, wenn es sich um eine **Bedingung** handelt, die **tatsächlich** erfüllt werden kann, z.B.:

Si j'ai le temps, je lirai un livre. — Wenn ich Zeit habe, lese ich ein Buch.

Die Bildung des realen Bedingungssatzes

***Si*-Satz im Präsens**	**Hauptsatz im Futur I/Präsens**
Si tu **as** le temps,	nous **ferons** les courses.
S'il fait beau,	je **vais** à la piscine.

Wenn Sie einen realen Bedingungssatz bilden möchten, dann beachten Sie folgende Zeitenfolge:
Im ***si*-Satz** steht das **Präsens** und im **Hauptsatz** wird das **Futur I oder das Präsens** verwendet.
Si wird vor Vokal zu ***s'***.

9.4.2 Der irreale Bedingungssatz

Der Gebrauch des irrealen Bedingungssatzes

Der irreale Bedingungssatz wird verwendet, wenn eine Bedingung irreal ist, d.h. wenn sie der Wirklichkeit nicht entspricht und wenn ihre Erfüllung fraglich oder unmöglich ist, z.B.:

Si j'étais riche, je ferais le tour du monde. — Wenn ich reich wäre, würde ich eine Weltreise machen.

Die Bildung des irrealen Bedingungssatzes

Wenn Sie einen französischen Bedingungssatz bilden möchten, dürfen Sie im ***si*-Satz nie** das **Konditional** verwenden, wie das im Deutschen der Fall ist.
Verwenden Sie im ***si*-Satz** immer das **Imperfekt**.

***Si*-Satz im Imperfekt**	**Hauptsatz im Konditional**
S'il avait plus d'argent,	il **achèterait** une maison.
Si je **faisais** le tour du monde,	je **ferais** la connaissance de beaucoup de gens.

Bei der Bildung des irrealen Bedingungssatzes müssen Sie folgende Zeitenfolge beachten:
Im ***si*-Satz** steht das **Imperfekt** und im **Hauptsatz** wird das **Konditional** verwendet. ***Si*** wird vor Vokal zu ***s'***.

9.5 Die indirekte Rede

9.5.1 Die Bildung der indirekten Rede und der indirekten Frage

Die indirekte Rede

Die indirekte Rede wird durch *que* eingeleitet:

Vor Vokal wird *que* zu *qu'*:

Elle dit **que** la jupe est bon marché.

Elle dit **qu**'il a raison.

Die indirekte Frage

Die indirekte Frage wird durch

– *si* eingeleitet:	Elle demande	**si**	Luc veut aller au cinéma.
– *s'* vor Vokal eingeleitet:	Elle demande	**s'**	il veut aller au cinéma.
– das entsprechende **Fragewort** eingeleitet:	Paul veut savoir	**où**	son copain travaille.
	Elle veut savoir	**pourquoi**	Nicole habite à Lyon.
	Il me demande	**quand**	j'ai commencé à travailler.

Im Gegensatz zum Deutschen ändert sich die Wortstellung im Französischen in der indirekten Rede/Frage nicht. Außerdem steht kein Komma, z. B.:

Paul dit qu'il a peu d'argent.	Paul sagt, dass er wenig Geld hat.
Paul veut savoir si j'ai de l'argent.	Paul will wissen, ob ich Geld habe.

9.5.2 Die Zeitenfolge in der indirekten Rede und in der indirekten Frage

Die Zeitenfolge in der Gegenwart

Steht das redeeinleitende Verb im **Präsens**, so steht das Verb im Nebensatz, d.h. in der indirekten Rede/Frage, in der gleichen Zeit wie in der direkten Rede/Frage.

Direkte Rede:	Marie dit: " Je **vais partir** en vacances."
Indirekte Rede:	Marie dit qu'elle **va partir** en vacances.

Die Zeitenfolge in der Vergangenheit

Wenn Sie die indirekte Rede in der **Vergangenheit** benutzen, dann gilt es einige Besonderheiten im Hinblick auf die Verwendung der Zeiten zu beachten.

1. Zeit in der	–	**direkten Rede:**		**Präsens**	
		Il a dit:	«Elle	**va**	au cinéma.»
	–	**indirekten Rede:**		**Imperfekt**	
		Il a dit	qu'elle	**allait**	au cinéma.
2. Zeit in der	–	**direkten Rede:**		**Perfekt**	
		Il avait dit:	«Elle	**est allée**	au cinéma.»
	–	**indirekten Rede:**		**Plusquamperfekt**	
		Il avait dit	qu'elle	**était allée**	au cinéma.
3. Zeit in der	–	**direkten Rede:**		**Imperfekt**	
		Il disait:	«Elle	**allait**	au cinéma.»
	–	**indirekten Rede:**		**Imperfekt**	
		Il disait	qu'elle	**allait**	au cinéma.
4. Zeit in der	–	**direkten Rede:**		**Plusquamperfekt**	
		Il a dit:	«Elle	**était allée**	au cinéma.»
	–	**indirekten Rede:**		**Plusquamperfekt**	
		Il a dit	qu'elle	**était allée**	au cinéma.
5. Zeit in der	–	**direkten Rede:**		**Futur I**	
		Il disait:	«Elle	**ira**	au cinéma.»
	–	**indirekten Rede:**		**Konditional I**	
		Il disait	qu'elle	**irait**	au cinéma.

6. Zeit in der	– **direkten Rede:**		**Futur II**	
	Il a dit:	«Elle	**sera allée**	au cinéma.»
	– **indirekten Rede:**		**Konditional II**	
	Il a dit	qu'elle	**serait allée**	au cinéma.
7. Zeit in der	– **direkten Rede:**		**Konditional I**	
	Il disait:	«Elle	**irait**	au cinéma.»
	– **indirekten Rede:**		**Konditional I**	
	Il disait	qu'elle	**irait**	au cinéma.
8. Zeit in der	– **direkten Rede:**		**Konditional II**	
	Il a dit:	«Elle	**serait allée**	au cinéma.»
	– **indirekten Rede:**		**Konditional II**	
	Il a dit	qu'elle	**serait allée**	au cinéma.

Steht das redeeinleitende Verb in einer Zeit der **Vergangenheit**, d.h. im **Perfekt**, **Imperfekt** oder **Plusquamperfekt**, so verändert sich die zu verwendende Zeit im Nebensatz gegenüber der direkten Rede/Frage in einigen Zeiten.

Direkte Rede/Frage		Indirekte Rede/Frage
Präsens	→	Imperfekt
Perfekt	→	Plusquamperfekt
Futur I	→	Konditional I
Futur II	→	Konditional II
Imperfekt	bleibt	Imperfekt
Plusquamperfekt	bleibt	Plusquamperfekt
Konditional I	bleibt	Konditional I

Diese Zeitenverschiebung gilt übrigens nicht nur in der indirekten Rede/Frage, sondern auch in anderen Nebensätzen, z. B.:

Je crois	que tu	**es**	en vacances.	Präsens
Je croyais	que tu	**étais**	en vacances.	Imperfekt

10 *Les numéraux et les indications du temps* – Zahlen und Zeitangaben

10.1 Die Grundzahlen

0	zéro	67	soixante-sept
1	un, une	70	soixante-dix
2	deux	71	**soixante et onze**
3	trois	72	soixante-douze
4	quatre	73	soixante-treize
5	cinq	74	soixante-quatorze
6	six	75	soixante-quinze
7	sept	76	soixante-seize
8	huit	77	soixante-dix-sept
9	neuf	78	soixante-dix-huit
10	dix	79	soixante-dix-neuf
11	onze	80	quatre vingt**s**
12	douze	81	quatre-ving**t-un/une**
13	treize	82	quatre-ving**t**-deux
14	quatorze	83	quatre-ving**t**-trois
15	quinze	90	quatre-ving**t**-dix
16	seize	91	quatre-ving**t**-onze
17	dix-sept	92	quatre-ving**t**-douze
18	dix-huit	100	cent
19	dix-neuf	101	cent un/une
20	vingt	102	cent deux
21	vingt **et un/une**	110	cent dix
22	vingt-deux	153	cent cinquante-trois
23	vingt-trois	200	deux cent**s**
24	vingt-quatre	210	deux cent dix
25	vingt-cinq	300	trois cent**s**
26	vingt-six	385	trois cent quatre-vingt-cinq
27	vingt-sept	400	quatre cent**s**
28	vingt-huit	500	cinq cent**s**
29	vingt-neuf	600	six cent**s**
30	trente	700	sept cent**s**
31	trente **et un/une**	800	huit cent**s**
32	trente-deux	900	neuf cent**s**
33	trente-trois	1000	mille
40	quarante	1001	mille un/une
41	quarante **et un/une**	1140	mille cent quarante
44	quarante-quatre	2000	deux mille
50	cinquante		
51	cinquante **et un/une**	1 000 000	un million
56	cinquante-six	2 000 000	deux million**s**
60	soixante	1 000 000 000	un milliard
61	soixante **et un/une**	2 000 000 000	deux milliard**s**

1. Wenn hinter Zahlen mit ***un*** bzw. ***une*** ein Substantiv folgt, so steht bei **männlichen** Substantiven ***un*** und bei **weiblichen** Substantiven ***une***, z. B.:

   J'ai **quatre-vingt-un** livre. aber: J'ai **vingt et une** jupes.

2. Bei **21, 31, 41, 51** und **61** steht zwischen Zehnern und Einern ***et***, z. B.:

   21 vingt **et** un,
61 soixante **et** un.

   Ebenso steht bei **71** das ***et:***

   soixante **et** onze.

   Bei **81**, bei den **Hundertern** und **Tausendern** folgt ***un/une*** ohne das Wörtchen ***et***, z. B.:

   201 deux cen**t** **u**n
1001 mill**e** **u**n usw.

3. Bei den restlichen Zahlen von **17 bis 100** werden die Zehner und Einer mit einem **Bindestrich** verbunden:

   17 dix-sept
22 vingt-deux
34 trente-quatre

4. Die Zahl ***quatre-vingts*** (80) wird **mit** ***-s*** geschrieben. Bei **81–99** fällt das ***-s*** **weg**, z. B.:

   81 quatre-vingt-un/une
97 quatre-vingt-dix-sept usw.

5. Nur die **vollen Hunderter** erhalten ein ***-s***, z. B.:

   200 deux cent**s**
300 trois cent**s** usw.

   Folgt dem **Hunderter eine weitere Zahl**, fällt das ***-s*** **weg**, z. B.:

   208 deux cen**t** huit

6. An **Hunderter, Tausender, Millionen** und **Milliarden** werden die anderen Zahlen ohne Bindestrich angehängt, z. B.:

   245 deux cen**t** **q**uarante-cinq
1005 mill**e** **c**inq
2 100 000 deux millions **c**ent mille

7. ***Mille*** ist **unveränderlich**, z. B.:

2000 deux mille

8. Folgt ***milliard*** oder ***million*** ein Substantiv, so wird *de* eingefügt, wenn es sich um **runde Zahlen** handelt, denen keine weiteren Zahlen folgen:

Il me faut encore **trois millions de** francs pour acheter cette maison. Mais j'ai déjà **un million cinq cents** francs.

Sie werden die französische **Schweiz** und das französische **Belgien** lieben, wenn Sie sehen werden, wie einfach dort 70, 80 und 90 sind. In der französischsprachigen Schweiz und in Belgien werden **septante für 70** und **nonante für 90** benutzt. **Huitante für 80** kommt nur in der Schweiz vor. Die Einer werden an die Zehner wie von 20–69 angehängt, z. B.:

72 septante-deux
94 nonante-quatre

9. Im Französischen gibt es im Gegensatz zum Deutschen zwei Möglichkeiten Jahreszahlen auszusprechen, wobei die erste Variante in Frankreich bevorzugt wird.

1999 **mille neuf cent** quatre-vingt-dix-neuf
dix-neuf cent quatre-vingt-dix-neuf

10.2 Die Ordnungszahlen

1er	le premier/la première	17er	le/la dix-septième
2er	le/la deuxième *oder* le second/la seconde	18er	le/la dix-huitième
		19er	le/la dix-neuvième
3er	le/la troisième	20er	le/la vingtième
4er	le/la quatrième	21er	le/la vingt et **unième**
5er	le/la cinquième	22er	le/la vingt-deuxième
6er	le/la sixième	23er	le/la vingt-troisième
7er	le/la septième	30er	le/la trentième
8er	le/la huitième	70er	le/la soixante-dixième
9er	le/la neuvième	71er	le/la soixante et onzième
10er	le/la dixième	80er	le/la quatre-vingtième
11er	le/la onzième	81er	le/la quatre-vingt-unième
12er	le/la douzième	90er	le/la quatre-vingt-dixième
13er	le/la treizième	91er	le/la quatre-vingt-onzième
14er	le/la quatorzième	97er	le/la quatre-vingt-dix-septième
15er	le/la quinzième		
16er	le/la seizième	100er	le/la centième

Die Ordnungszahlen werden gebildet, indem man die Endung ***-ième*** an die jeweilige Grundzahl anhängt.
Bei Grundzahlen, die auf *-e* enden, fällt das *-e* weg.
Da ***premier*** nicht mit anderen Zahlen verbunden werden kann, benutzt man ab **21 *unième***, so zum Beispiel *vingt et* ***unième***, *trente et* ***unième.***
Der Artikel wird vor den Ordnungszahlen nie apostrophiert, z. B. ***la*** *huitième,* ***le*** *onzième.*

Haben Sie schon bemerkt, dass es für **der/die/das Zweite** ***le/la deuxième*** und ***le seconde/la seconde*** gibt?
Dann haben Sie sich sicherlich auch schon gefragt, wie die beiden verwendet werden.
Das ist ganz einfach, denn meist sind sie **austauschbar**.
Allerdings wird ***deuxième*** bevorzugt benutzt.
Ebenso gibt es feststehende Ausdrücke, wo ***le seconde/la seconde*** gebraucht wird, z. B. *la* ***Seconde*** *Guerre mondiale.*

Da ***le seconde/la seconde*** nicht mit anderen Zahlen verbunden werden kann, benutzt man ab **22 *deuxième***, z. B. *vingt-****deuxième*** usw.

Hinsichtlich des Gebrauchs der Ordnungszahlen im Französischen gibt es einige Unterschiede zum Deutschen, da in Frankreich die Ordnungszahlen nicht so häufig gebraucht werden.

Folgende Unterschiede sind wichtig:

1. Wie im Deutschen steht im Französischen bei **Datumsangaben** für den **ersten Tag** des Monats und bei **Herrschernamen** für den **ersten Träger** des Herrschernamens die **Ordnungszahl**:

   le **premier** mai
   Napoléon **premier**

   Abweichend vom Deutschen wird bei den **folgenden** Tagen oder Herrschern die **Grundzahl** verwendet:

   le **deux** mai, le **trois** mai
   Napoléon **trois**

2. Bei Ausdrücken mit **jede/jedes/jeder...** wird im Deutschen die Ordnungszahl und im Französischen die Grundzahl verwendet. Der Ausdruck wird mit ***un/une*** + Grundzahl wiedergegeben:

Il rend visite à sa grand-mère **un jour sur deux.**	Er besucht seine Großmutter **jeden zweiten** Tag.
oder:	
Il rend visite à sa grand-mère **tous les deux jours.**	

10.3 Die Bruchzahlen

Die Bruchzahlen haben mit den Ordnungszahlen viel gemeinsam, da der Nenner die gleiche Form wie die Ordnungszahl hat, z. B. *un cinquième* ($\frac{1}{5}$).

Mit Ausnahme von ***un demi, un tiers*** und ***un quart*** hat der Nenner der Bruchzahl, d. h. die untere Zahl, die gleiche Form wie die Ordnungszahl.
Ist der Zähler, d. h. die obere Zahl, größer als 1, dann erhält die Ordnungszahl ein Plural ***-s***.

$\frac{1}{2}$	=	un **demi**	$\frac{1}{6}$	=	un **sixième**
$\frac{1}{3}$	=	un **tiers**	$\frac{5}{6}$	=	cinq **sixièmes**
$\frac{1}{4}$	=	un **quart**	$\frac{8}{10}$	=	huit **dixièmes**
$\frac{1}{5}$	=	un **cinquième**			

10.4 Die Datumsangabe

Abweichend vom Deutschen erfolgt im Französischen nur die Angabe **des ersten Tages im Monat** mit der **Ordnungszahl. Die folgenden Tage** werden mit der **Grundzahl** zum Ausdruck gebracht.
Außerdem wird das Datum **immer nur mit dem Artikel** benannt, selbst wenn im Deutschen eine Präposition steht:

= On est le combien aujourd'hui ?
– On est le **premier** janvier ? Non, on est le **deux** (janvier).

= Quand est-ce que tu pars en vacances ?
– Moi, je pars **le dix** janvier.

10.5 Die Zeitangabe

Die umgangssprachliche Zeitangabe

Die Zeitangabe in der Umgangssprache erfolgt etwas anders als im Deutschen.

$1.^{00}$	Il est une heure.
$2.^{00}$	Il est deux heures.
$2.^{10}$	Il est deux heures **dix.**
$2.^{15}$	Il est deux heures **et quart.**
$2.^{29}$	Il est deux heures **vingt-neuf.**
$2.^{30}$	Il est deux heures **et demie.**
$2.^{31}$	Il est trois heures **moins vingt-neuf.**
$2.^{40}$	Il est trois heures **moins vingt.**
$2.^{45}$	Il est trois heures **moins le quart.**

$12.^{00}$	Il est **midi.**	$24.^{00}$	Il est **minuit.**
$12.^{15}$	Il est **midi et quart.**	$24.^{30}$	Il est **minuit et demi.**

In der gesprochenen Sprache werden die Stunden ab Mittag bis Mitternacht von 1 bis 11 gezählt.
Die Minuten werden **bis halb** zur vorhergehenden Stunde einfach **hinzugezählt**. Nur bei **Viertel** steht **zwischen der Stunde und *quart*** das Wörtchen ***et.***
Nach halb werden die Minuten von der nächsten vollen Stunde mit Hilfe von ***moins*** **abgezogen.**
Bei **Viertel vor/drei viertel** steht **zwischen *moins* und *quart*** der bestimmte Artikel ***le.***

Die offizielle Zeitangabe

Die Angabe der offiziellen Uhrzeit erfolgt auf Bahnhöfen, Flughäfen, im Radio usw.

Sie werden die offizielle Zeitangabe lieben, da sie wie im Deutschen erfolgt.

03.00	Il est **trois** heures.
15.00	Il est **quinze** heures.
16.15	Il est **seize** heures **quinze.**
16.30	Il est **seize** heures **trente.**
16.35	Il est **seize** heures **trente-cinq.**
16.45	Il est **seize** heures **quarante-cinq.**

Bei der offiziellen Zeitangabe werden die **Minuten** zur vorhergehenden Stunde **hinzugezählt**. Dies gilt auch für die Minuten nach halb. **Viertel nach, Viertel vor** und **halb** werden ebenfalls mit den Grundzahlen ausgedrückt.

11 Les prépositions – Die Präpositionen

Die Präpositionen werden im Französischen anders verwendet als im Deutschen.

Lernen Sie deshalb die Präpositionen immer mit.

11.1 Die Präpositionen des Ortes

Die Präposition *à:* in, nach

Die Präposition ***à*** dient der Angabe von **Zielen** oder **Aufenthaltsorten** in abstrakter, allgemeiner Weise.

Mit dem bestimmten Artikel geht ***à*** folgende Verbindungen ein:

à + le = **au**
à + les = **aux**

Maria habite **à** Lisbonne **au** Portugal. Elle va souvent **à** la plage. Cet été, elle veut aller **aux** Etats-Unis.

Denken Sie daran, dass Ziele oder Aufenthaltsorte von weiblichen Ländern mit der Präposition ***en*** ausgedrückt werden:

Je vais **en** France.

Die Präposition *chez:* bei, zu

Die Präposition ***chez*** dient der Angabe von **Zielen** und **Aufenthaltsorten** bei **Personen** oder belebten Wesen, z. B. bei Firmennamen.

= On va **chez** Paul ?
– Non, j'ai rendez-vous **chez** le dentiste.

M. Dubois travaille **chez** Renault.

Die Präposition *dans:* in, in ... hinein

Die Präposition ***dans*** dient der Angabe von **konkreten Ortsangaben**, z. B. in Räumen.

Elle habite **dans** un quartier de Paris où les enfants ne peuvent pas jouer **dans** la rue.

Die Präposition *de:* von, aus

Die Präposition ***de*** gibt die **Herkunft**, den **Ursprung** oder den **Ausgangspunkt** an.
Mit dem bestimmten Artikel geht ***de*** folgende Verbindungen ein:

de + le = **du**
de + les = **des**

Vor Vokal und stummem h wird ***de*** zu ***d'***.

Moi, je suis **de** France mais mon mari est **d'**Allemagne. Maintenant nous venons **de** Suisse.

Die Präposition *en:* in, nach

Die Präposition ***en*** steht bei **Aufenthaltsorten** und **Zielen** von weiblichen Ländernamen, bei Provinzen und Regionen und in bestimmten Ausdrücken.

J'habite **en** France. Je vais partir **en** vacances **en** Provence.

Die Präposition *par:* durch

Die Präposition ***par*** bezeichnet das **Durchqueren** eines Raumes und steht meist in Verbindung mit Verben der Bewegung.

Pour aller en Italie, on passe **par** la Suisse.

Die Präposition *pour:* nach

Die Präposition ***pour*** bezeichnet den **Zielpunkt** einer Reise, z. B. ein Land oder eine Stadt in Verbindung mit dem Verb *partir* und *s'embarquer*.

Ce matin, ils sont partis **pour** Paris.

Die Präposition *vers:* in Richtung, nach

Die Präposition ***vers*** bezeichnet das **Ziel einer Bewegung**, z. B. ein Land, eine Stadt, eine Himmelsrichtung oder eine Person.

On va **vers** l'ouest.

Weitere örtliche Präpositionen

Die hier aufgeführten örtlichen Präpositionen weisen für Deutschsprachige keine Schwierigkeiten auf.

Folgende weitere örtliche Präpositionen stehen zur Verfügung:

à côté de	*neben*	Le garage est **à côté de** la maison.
à droite de	*rechts*	**A droite du** garage, il y a la boulangerie.
à gauche de	*links*	**A gauche de** la voiture, il y a un arbre.
au bout de	*am Ende von*	**Au bout de** la rue, il y a l'école de Luc.
au fond de	*hinten*	**Au fond du** garage, il y a le vélo de Luc.
derrière	*hinter*	Le chien est **derrière** la voiture.
devant	*vor*	Luc est **devant** la maison.
en face de	*gegenüber*	La maison est **en face de** l'hôtel.
entre	*zwischen*	Le petit frère de Luc est **entre** la voiture et la maison.
loin de	*weit von*	La maison est **loin de** la piscine.
près de	*nahe bei*	La maison est **près de** la gare.
sous	*unter*	Le ballon est **sous** la voiture.
sur	*auf*	Le chat est **sur** le toit.

11.2 Die Präpositionen der Zeit

Die Präposition *à:* um, an, in

Die Präposition ***à*** bezeichnet **genaue Zeitpunkte.**

Le train arrive **à** six heures.
Il fait froid **à** Noël.
Elle s'est mariée **à** 30 ans.

Man sagt ***au*** *printemps* aber ***en*** *été,* ***en*** *automne,* ***en*** *hiver.*

Die Präposition *à partir de:* von ... an, ab

Die Präposition ***à partir de*** gibt den **Anfangspunkt** einer Handlung in der **Gegenwart** oder in der **Zukunft** an.

A partir d'aujourd'hui il ne travaille plus.
A partir de demain elle fait des études.

Die Präposition *après:* nach

Die Präposition ***après*** gibt einen **Zeitpunkt** an, der **nach einem anderen Zeitpunkt** oder **Zeitraum** in der **Vergangenheit** oder **Zukunft** liegt.

Je vais terminer mon travail **après** Noël.

Die Präposition *avant:* vor

Die Präposition ***avant*** gibt einen **Zeitpunkt** an, der **vor einem anderen Zeitpunkt** oder **Zeitraum** in der **Vergangenheit** oder **Zukunft** liegt.

Je vais terminer mon travail **avant** Noël.

Die Präposition *dans:* in, nach Ablauf von

Die Präposition ***dans*** wird verwendet, um einen **zukünftigen Zeitpunkt** auszudrücken.

Paul rentre **dans** dix minutes.

Die Präposition *dès:* seit, von ... an

Die Präposition ***dès*** bezeichnet den **Anfangszeitpunkt** einer Handlung in der **Vergangenheit**, **Gegenwart** oder **Zukunft**.

Il est chef **dès** l'âge de 30 ans.
Il m'énerve **dès** son arrivée.

Die Präposition *depuis:* seit

Die Präposition ***depuis*** bezeichnet den **Anfangszeitpunkt** eines Zeitraumes, der in der **Vergangenheit beginnt** und **an die Vergangenheit oder Gegenwart heranreicht.**

Il est chez Renault **depuis** dix ans.

Die Präposition *en:* im (Monat), im Jahre, innerhalb von

Die Präposition ***en*** steht vor den **Jahreszeiten**, die mit Vokal beginnen, sowie vor **Monatsnamen** und **Jahreszahlen**.
Außerdem bezeichnet ***en*** einen **bestimmten Zeitraum**, innerhalb dessen sich eine **Handlung vollzieht**.

Marie est née **en** 1996.
Il fait froid **en** hiver.
Noël est **en** décembre.
Peter a fait ses études **en** 5 ans.

Bei **Monatsnamen** kann man statt ***en*** auch ***au mois de*** verwenden, z. B.:

Tout le monde part en vacances **au mois d'**août/**en** août.

Die Präposition *entre ... et:* zwischen ... und

Die Präposition ***entre ... et*** bezeichnet einen **Zeitraum**, der **zwischen zwei Zeitpunkten** liegt.

Je vais travailler **entre** 8 heures **et** 10 heures.

Die Präposition *il y a:* vor

Die Präposition ***il y a*** bezeichnet einen **vergangenen Zeitpunkt.**

Pierre a passé son bac **il y a** un an.

Die Präposition *jusque:* bis

Die Präposition ***jusque*** bezeichnet den **Endpunkt** eines **ununterbrochenen Zeitraumes**, der in der **Zukunft** stattfindet oder in der **Vergangenheit abgeschlossen** wurde.

Nous attendons **jusqu'à** demain.
Nous restons **jusqu'au** 10 mars.

Der Präposition ***jusque*** folgt gerne die Präposition ***à,*** woraufhin *jusque* sein *-e* verliert und zu ***jusqu'à*** wird.

Die Präposition *pendant:* während

Die Präposition ***pendant*** bezeichnet einen **Zeitraum**, der von einer Handlung ausgefüllt ist.

Il faisait beau **pendant** notre séjour.

Die Präposition *pour:* für (die Dauer von)

Die Präposition ***pour*** bezeichnet einen **befristeten Zeitraum**, der einem bestimmten Ziel unterworfen ist.

Il va à Paris **pour** deux semaines.

Die Präposition *vers:* gegen, um

Die Präposition ***vers*** bezeichnet einen **ungefähren Zeitpunkt.**

J'arrive **vers** dix heures.
Il termine son travail **vers** le 18 février.

11.3 Modale Präpositionen

Die Präposition *à:* mit

Die Präposition ***à*** bringt Folgendes zum Ausdruck:

– Zweck	C'est un verre **à** vin.
– Art und Weise	Il faut écrire **au** crayon.
– Preisangabe	Le kilo est **à** dix francs.
– Fortbewegungsart auf oder ohne Verkehrsmittel	On va **à** pied/**à** vélo au cinéma.
– Entfernung	L'hôtel est **à** dix kilomètres d'ici.

Die Präposition *avec:* mit

Die Präposition ***avec*** bringt Folgendes zum Ausdruck:

– Mittel/Werkzeug	Il ouvre la porte **avec** la clé.

Die Präposition *de:* mit, aus, vor

Die Präposition ***de*** bringt Folgendes zum Ausdruck:

– Körperteil	Il fait signe **de** la tête.
– Materialangabe	Regardez ! C'est **du** bois massif.
– Ursache	Ils ont crié **de** peur.
– Mengenangabe	Il faut acheter deux litres **de** lait.

Die Präposition *en:* mit, aus

Die Präposition ***en*** bringt Folgendes zum Ausdruck:

– Fortbewegung mit einem Transportmittel	J'y vais **en** avion.
– Materialangabe	J'ai une montre **en** or.

Denken Sie daran, dass man bei der Fortbewegung mit dem Fahrrad die Präposition ***à*** verwendet:

J'y vais **à** vélo.

Die Präposition *par:* mit, durch, aus, pro

Die Präposition *par* bringt Folgendes zum Ausdruck:

– Mittel	Cette lettre est arrivée **par** avion.
– Urheberbezeichnung	J'ai appris la nouvelle **par** le journal.
– Beweggrund	Il a avoué **par** peur d'aller en prison.
– Verteilung	La chambre coûte 100 F **par** personne.

Die Präposition *pour:* für

Die Präposition ***pour*** bringt Folgendes zum Ausdruck:

– Zweck	Il travaille **pour** gagner de l'argent.
– Preisangabe	J'ai acheté ce livre **pour** 20 F.

12 *Les conjonctions* – Die Konjunktionen

Mithilfe von Konjunktionen kann man Sätze oder Satzteile miteinander verbinden.
Man unterscheidet zwischen beiordnenden und unterordnenden Konjunktionen.

12.1 Beiordnende Konjunktionen

Beiordnende Konjunktionen verbinden gleichrangige Sätze, d. h. Hauptsätze, miteinander, z. B.:

Il pleut **et** Marc reste à la maison.	Es regnet und Marc bleibt zu Hause.
J'avais rendez-vous avec Jean, **mais** il n'est pas venu.	Ich hatte eine Verabredung mit Jean, aber er ist nicht gekommen.

Zu den beiordnenden Konjunktionen zählen u. a.:

car	*denn*	ni ... ni	*weder ... noch*
donc	*also*	ou	*oder*
et	*und*	ou ... ou	*entweder ... oder*
mais	*aber*	ou bien	*oder*

12.2 Unterordnende Konjunktionen

Unterordnende Konjunktionen verbinden Haupt- und Nebensätze.

Il n'a pas le temps **parce qu**'il doit travailler.	Er hat keine Zeit, weil er arbeiten muss.
Quand j'aurai terminé le bac, je ferai des études.	Wenn ich das Abitur gemacht habe, werde ich studieren.

Zu den unterordnenden Konjunktionen zählen u. a.:

à condition que*	*unter der Bedingung, dass*
afin que*	*damit*
après que	*nachdem*
avant que*	*bevor*
bien que*	*obwohl*
comme	*da*
de peur que*	*damit nicht*
depuis que	*seit, seitdem*
dès que	*sobald*
jusqu'à ce que*	*bis*
lorsque	*als, wenn*
malgré que*	*obwohl, obgleich*
parce que	*weil*
pendant que	*während*
pour que*	*damit*
pourvu que*	*vorausgesetzt, dass*
puisque	*da*
quand	*als, wenn*
quoique*	*obwohl*
sans que*	*ohne dass*
si	*wenn*
si bien que	*so dass*
supposé que*	*angenommen, dass*
tant que	*solange*

Nach den mit * gekennzeichneten Konjunktionen folgt der *Subjonctif*, z. B.:

Marie reste au lit **jusqu'à ce que** sa mère vienne.	Marie bleibt im Bett, bis ihre Mutter kommt.
Elle travaille **pour que** sa famille puisse vivre mieux.	Sie arbeitet, damit ihre Familie besser leben kann.

Stichwortregister